国家出版基金项目
NATIONAL PUBLICATION FOUNDATION

"十三五"国家重点出版物出版规划项目

中国社会科学院世界文明比较研究中心组织编写

青少年世界文明教育文库

汝信 主编

现代印度文明

恒河圣水的洗礼

Modern Indian Civilization

Baptism of the Holy Ganges

朱明忠◎著

云南大学出版社
YUNNAN UNIVERSITY PRESS

图书在版编目（CIP）数据

现代印度文明：恒河圣水的洗礼　/　朱明忠　著一昆明：
云南大学出版社，2020
（青少年世界文明教育文库　/　汝信　主编）
ISBN　978-7-5482-3934-5

Ⅰ．①现… Ⅱ．①朱… Ⅲ．①文化史－印度－青少年
读物 Ⅳ．①K351.03-49

中国版本图书馆CIP数据核字(2020)第000801号

现代印度文明
恒河圣水的洗礼
Modern Indian Civilization
Baptism of the Holy Ganges
朱明忠◎著

策　　划：王翌沣
责任编辑：王翌沣
装帧设计：见　功

出版发行：云南大学出版社
印　　装：昆明瑆煋印务有限公司
开　　本：787mm × 1092mm　1/16
印　　张：12.625
字　　数：198千
版　　次：2020年12月第1版
印　　次：2020年12月第1次印刷
书　　号：ISBN　978-7-5482-3934-5
定　　价：69.80元

地　　址：云南省昆明市一二一大街182号（云南大学东陆校区英华园内）
邮　　编：650091
电　　话：（0871）65033244　65031071
网　　址：http://www.ynup.com
E-mail：market@ynup.com

主编　汝信

主编简介

汝信，男，教授，汉族，1931年出生，江苏吴江人，1949年毕业于上海圣约翰大学。1956年师从著名学者贺麟先生，攻读黑格尔哲学专业研究生，毕业后留中国社会科学院哲学所从事研究工作。1978年晋升研究员，任哲学所副所长。1981—1982年到美国哈佛大学做访问学者。1982—1998年先后任中国社会科学院副院长，并曾兼任哲学所所长，国务院学位委员会副主任。现任中国社会科学院学部委员、咨询委员会顾问。在国内外学术机构中曾担任的主要职务有：中华全国美学学会会长、中国政治学会会长以及国际哲学与人文科学理事会副主席、东德科学院外籍院士、韩国启明大学名誉哲学博士等。主要从事西方哲学史特别是德国古典哲学、美学的研究。主要著作有《黑格尔范畴论批判》（与姜丕之合著，1961年上海人民出版社）、《西方美学史论丛》及《西方美学史论丛续编》（1963年上海人民出版社）、《西方的哲学和美学》（1978年山西人民出版社）、《美的找寻》（1992年中国社会科学出版社）、《看哪，克尔凯郭尔这个人》（2008年河南大学出版社）、《西方美学史》（2008年中国社会科学出版社）。此外，还有译著多种，并主编《西方著名哲学家评传》（10卷）、《世界文明大系》（12卷）和《当代韩国》（季刊）等。

目 录

总　序

“青少年世界文明教育文库”开始和读者见面了。由中国社会科学院组织编写，云南大学出版社出版这一套读物的主要目的是向中国当代的年轻朋友们介绍自古至今世界上一些主要文明的历史发展概况，普及不同文明的基本知识。

习近平同志在党的十九大报告中指出：“中国特色社会主义进入了新时代。”在新时代，我国人民正热火朝天地努力建设中国特色社会主义，为实现中华民族伟大复兴的“中国梦”而奋斗着。在全面深化改革和向全世界开放的形势下，增进中国当代的年轻人对世界上各种文明的认识和了解具有十分重要的意义。随着经济全球化趋势的加速进行和科学技术的迅猛发展，世界正变得越来越小，成为名副其实的“地球村”。各个国家都在政治、经济、文化、教育等领域进行着广泛的交流合作，现代信息技术的广泛应用更是把世界的各个角落联结成关系密切、相互依赖的整体，形成了一个庞大的网络。当代社会的快速发展，也产生了一系列全球性的问题，如贫富差距、环境污染等。这些问题都关系各国人民的切身利益，需要人们加强合作，共同协力应对。在这样的国际形势下，开展不同文明之间的对话与交流，增强各国人民和各民族的相互理解和友谊，显得尤为必要。我们希望，这套“青少年世界文明教育文库”能对此有裨益。

近年来，我们对世界文明进行了深入研究，得出几点基本看法，愿与读者朋友们分享。

第一，纵观人类历史，世界上出现的各种文明都是特定的人群在不同的环境和具体历史条件下的活动的创造物，都有其自身的产生和演变的过程，都有其自身的特点和优缺点，在不同的历史时期起着不同的作用。因此，必须充分肯定文明的多样性。一切文明成就都是对全人类文明做出的宝贵贡献，都应得到同样的尊重和承认。各国人民有权自主选择符合自己国情的发展道路，保持自己的传统和价值观，去创造和发展自己的文明。有人抱着“西方中心论”的观点，总以为西方文明天生优越、高人一等，以西方文明的价值和标准去评判其他文明，甚至妄图以此一统天下，这种文化霸权主义是一种完全错误的历史观。

第二，世界文明发展的历史告诉我们，不同文明之间需要经常交流互鉴，乃至相互交融和吸收，一种文明要不断从另一种文明获得和补充营养，取得新的活力，才能茁壮成长。一种文明不管曾经多么辉煌，一旦把自己封闭起来与世隔绝，就会逐渐丧失创新和前进的动力而走向衰落。因此，对文明本身的发展来说，相互间的对话和交流是必不可少的。可是西方却有人宣扬所谓“文明冲突论”，把不同的文明说成彼此无法沟通、相互敌对的力量，断言文明之间的差异必然导致激烈的对抗和冲突，并把其他文明看作对西方文明的威胁。这种错误的理论不仅违反历史事实，而且危害当代世界和平与发展。

第三，面向世界上丰富多样的不同的文明，应如何正确对待呢？我们认为，中国传统哲学所崇尚的“和而不同”的思想，诠释后可以作为处理不同文明相互关系的基本原则。所谓“和而不同”，首先是要充分承认和尊重世界上不同事物的存在，肯定和允许不同文明之间的差异、区别和分歧，求同存异，使它们之间的矛盾和分歧得到调和，避免对抗和冲突，在和平共处的基础上努力促进不同文明间的对话和交流，加深相互理解，互相宽容，平等相待，尊重对方，彼此借鉴，共谋发展，使世界文明更加绚丽多彩。

我们学习和了解世界文明，归根到底是为建设中国特色社会主义文明服务。我们不仅要了解和弘扬中华文明的光辉成就，而且也需要了解关于世界上其他文明的知识，这样才能进行比较研究，通过对话和交流，充分借鉴和吸收世界文明的一切积极成果，使中华文明更加发扬光大。

汝　信

2018 年 6 月 8 日

前　言

印度是世界四大文明古国之一，从古代印度河流域文明算起，它至少有4500年的历史。由于印度文明历史悠久，内容丰富，所涉及的领域广泛，故而，本丛书把印度文明分为两个部分：前者为古代印度文明，后者为现代印度文明。

现代印度文明从时间上看，是从18世纪中叶开始，一直持续至今天，共250多年的历史。具体地说，首先讲述1757年英国人对印度发动普拉西战争，直至1858年印度正式沦为英国殖民地的历史；然后阐述印度近代的宗教和社会改革、民族独立运动、1947年的民族独立，以及一直到今天印度政治、经济、社会和文化各个领域的发展变化。

从地理范围来看，古代的印度，是指整个南亚次大陆，中国人古时称之为“身毒”或“天竺”。到了近现代，国家的概念逐渐清晰，尤其是1947年的“印巴分治”，使原来的印度分裂为印度和巴基斯坦两个国家。1971年，东巴基斯坦又从巴基斯坦分离出来，成立了孟加拉国。因此，现代印度文明与古代印度文明所讲述的地理范围有很大不同，现代印度文明主要讲今天的印度共和国，即1947年独立后的印度，不包括巴基斯坦和孟加拉国。

现代印度文明与古代印度文明有什么差别呢？换句话说，现代印度文明有什么特点呢？从总体上看，现代印度文明就是古代印度文明的继承和发展。但是，时代不同了，社会条件也发生了巨大变化，尤其是印度沦为英国殖民地以后，西方的生产方式、科学技术、思想文化源源不断传入印度；另外，大量印度青年人留学英国，学到了许多新思想，这些都对印度社会和文化产生了巨大而深刻的影响。故而，现代印度文明就出现了许多新的、明显不同于古代印度文明的特点。概括地说，主要有以下几个特点：

（一）独立自强的民族意识逐渐形成

古代印度人所关心的主要是人生、人与神的关系以及人的最终命运问题。古代的各种经典论述的都是如何赞美神灵、祭祀神灵，如何通过瑜伽修行，实现灵魂的解脱或人与神的结合。印度的古代宗教经典很少涉及民族问题，也不会把宗教意识与民族利益联系在一起。

到了近现代，印度被英国占领，沦为殖民地以后，最先觉醒的是一批受到西方教育的爱国知识分子，他们一方面接受了西方自由、平等和民主政治思想，另一方面又深深感受到自己的国家正饱受着亡国之苦。因此，为了改变国家的命运，他们力求通过各种宣传，启发人民的爱国主义情感，增强民族自尊心和自信心，让民众树立起一种民族自强自立的意识。在这方面，雅利安社的创始人达耶难陀首先提出了一个响亮的口号——“印度是印度人的印度”，并且告诫自己的信徒：“不要让外国人统治我们的国家，不要让我们的国家丧失独立。”后来，国大党“激进派”领袖提拉克在1895年第一次提出了“印度自治”的口号，并经过10年努力，最终让这个口号在国大党的年会上得到正式通过，从而成为国大党的政治纲领和奋斗目标。这种民族独立、自强意识在印度的逐渐形成，正是现代印度文明的重要标志。

（二）重视科技的现代教育意识深入人心

古代印度的教育是以传授宗教知识，培养宗教人生观和道德观为根本宗旨的。古印度盛行一种称为“阿什拉姆”（Ashram）的教育方式。“阿什拉姆”一词，可以译成“书院”或“净修林”。其实，“阿什拉姆”意思就是一位宗教导师带着一批学生，向他们传授各种宗教知识。另外，也传授一些数学、文法学、天文学或医学知识等。从总体上看，印度的传统教育是属于一种保守、封闭的经院式教育。

到了近现代，那些受过西方教育的先进的印度思想家和改革家们，意识到国家的兴亡与教育制度和国民受教育的程度是密不可分的。因此，他们主张推广西方式的新型教育体制和教学方法，力主学习各种科技知识。这些改革家们还在各地创办了各种新式学校，如大学、中小学、女子学校、夜校和各类培训学校。例如，梵社创始人罗姆摩罕·罗易1817年亲自创立了印度第一所西方式的现代大学——印度学院。这所大学不仅用孟加拉语，而且用英语讲课，不仅讲授哲学和社会科学，而且开设了各种自然科学方面的新学科，它对在印度传播科学技术和新思想起了重要的作用。印度改革家、改革社团的宣传和教育实践，不仅提升了印度民族的科学文化水平，而且也促进了人们现代教育意识的形成。

（三）天生平等的人权意识显著提高

古代印度是一个宗教盛行的国度，长期以来，印度教一直是印度最大的宗教。但是，印度教社会是一个以种姓为基础的等级森严的社会。种姓差别和种姓歧视现象表现在生活的各个方面。一个低种姓者或贱民在职业、婚姻、祭祀、居住、饮食和其他日常的交往上，都会受到高种姓的歧视或不公正的待遇。印度的妇女在社会中的地位更为低下，童婚、多妻、嫁妆和寡妇殉夫等习俗和不平等的制度，像大山一样重重地压在广大妇女的身上。可以说，在印度教传统的意识形态中，缺乏人与人之间天生平等的人权意识。

在近代宗教改革运动中，一批先进的改革家打着“天赋人权”的大旗，对印度教各种不平等的现象进行了猛烈的批判。他们主张人与人之间天生平等，提倡社会公平正义；主张男女平等，反对歧视妇女；主张消除种姓藩篱，反对歧视或迫害贱民等。这些改革家们不仅宣传天赋人权的平等思想，而且把这些思想贯彻到他们的改革实践中，因此提高了广大民众的平等观念，大大地增强了印度的人权意识。

罗姆摩罕·罗易是最早宣传“天赋人权”和自由平等观念的印度思想家。为了实现社会的公正与平等，罗易改革的第一炮就对准各种歧视妇女的现象，主张妇女解放、男女平等。他与印度教各种愚昧的习俗，如“寡妇殉夫”、童婚、多妻、大量索要嫁妆等进行了长期的斗争。雅利安社的创始人达耶难陀也是“天赋人权论”的积极推动者。他指出，种姓之间的各种禁忌和规定都是婆罗门高级种姓为了抬高自己，控制其他种姓而故意编造出来的。高级种姓与低级种姓之间不能通婚，不能同桌而食、同室而居，不能同饮一口井的水，甚至不允许低种姓者走入神庙，不允许他们学吠陀经典——这些规定造成了教徒之间的仇恨、分裂和冲突。达耶难陀主张，要振兴印度，就必须首先废除这些具有歧视性的规定。

（四）重视人生价值的现世意识逐渐增强

在古印度意识形态中，最有影响的是商羯罗的吠檀多不二论哲学体系。这种体系提出一种“世界虚幻说”，宣称宇宙本体——梵通过一种幻力创造了世界万物，因此世界万物皆虚幻不实。既然世界万物是虚幻不实的，那么人就没有必要去迷恋它，因此应当逃离现实世界，到净修林去苦修，以追求那美妙极乐的梵界。实际上，这种哲学否定了人生的价值，也否定了人现世努力的必要，完全是一种悲观厌世的消极人生观。商羯罗的吠檀多体系在古代印度的意识形态中一直占主导地位，对广大民众有深刻的影响。

到了近现代，几乎所有进步的印度思想家无不批判商羯罗的“世界虚幻说”，认为他们所生存的世界是真实的，并不是虚幻的。他们反对古代印度逃避现实、消极遁世的人生哲学，肯定人生的价值和生命的意义，主张人应当乐观地面对现实社会、积极行动、努力工作。他们反对古代的死后解脱观，主张一个人只要加强道德修养、消除私欲、为人多做善事、为社会多做贡献，他活着的时候就可以实现解脱。这是一种注重人生价值的现世意识。这种现世意识，是经过无数思想家坚持不懈的宣传而逐渐形成的。

现代印度伟大诗人泰戈尔在这方面的表现十分突出。他认为，人的生活充满欢乐，只有充分体会这种欢乐的人，才能竭尽全力地坚持自己的生命，在生活和工作中以乐观的心态表现自己，就“如同一位凯旋的英雄在生活的大道上昂首阔步地前行”。他主张，人生的欢乐在于创造性的工作。人在工作中，不仅可以创造出新的事物，而且还可以释放出他内在的美、内在的善和内在的才华，并从中享受到极大的欢乐。因此他说：为了工作，我们必须活着；为了活着，我们必须工作；生命和工作不可分割地联系在一起。

（五）和谐共生的宗教意识被大多数人接受

印度自古以来就是多种宗教共生共存的社会。印度教、佛教、耆那教和锡克教发源于印度，后来又从外面传来了拜火教、伊斯兰教和基督教等，这些宗教信徒皆生活在印度这片土地之上。各宗教所信仰的神灵不同，遵守的教义教规不同，生活方式和习俗也有差异。因此，他们之间发生一些矛盾和纠纷是不可避免的。尤其是在13世纪以后，外来的伊斯兰教徒在印度占据了统治地位，他们与印度教教徒的矛盾和冲突尖锐起来，逐渐演变成印度社会的一大问题。因此，期盼各种宗教信仰者相互尊重、和睦相处、团结共生，乃是印度人民共同的理想。

到了近现代，一批先进的印度思想家深刻感受到教派冲突对国家发展的巨大危害。因此，他们竭力呼吁不同宗教应当放弃偏见，消除分歧，加强团结，以实现民族的统一和强盛。他们不仅积极宣传，而且创立了一些新的学说和理论，阐述不同信仰者联合起来的必要性和可能性。在这方面，表现最突出的是宗教改革家罗摩克里希那，他第一个提出了宗教和谐共存的理论——“人类宗教”说。这种学说主张世界诸宗教所信仰的神都是同一个实体，只不过名称不同，有的称它为“上帝”，有的称它为“安拉”，有的称它为“佛陀”，有的称它为“罗摩”或“克里希那”等。各种宗教虽然在信仰方式和礼仪上有很大差别，但是追求的最终目的是一致的，都是要达到人与神的结合，实现人类的“普遍之爱”和“美好的生活”。因此，只要不同信仰者承认大家追求的是同一个至高之神，并且承认最终的目标是一致的，那么他们就能够和谐共存，并走向统一。

以上五种思想意识的形成是现代印度文明的重要标志，这些思想始终贯穿于印度现代文明的整个发展历程中。

本书全面简洁地介绍了印度近现代文明在各个领域的发展历程和丰硕成就。全书共分十八章，按照历史的发展顺序和文明的各个方面分别加以论述。

第一至四章，分别阐述18世纪以后印度莫卧儿王朝的瓦解和印度逐渐沦为英国殖民地的过程、19世纪印度的宗教和社会改革、20世纪印度民族独立运动、独立后印度政治经济的发展，以及1991年经济改革后印度的迅速崛起。

第五至七章，分别论述印度现代史上最有影响的三位思想家的政治理论和哲学思想，即甘地的“真理”和“非暴力”学说、泰戈尔的“普遍和谐”的哲学思想和尼赫鲁的三大建国方略。

第八章，论述代表现代印度文明精华的新吠檀多哲学思潮的兴起。此章分别介绍五位现代最著名哲学家的思想，如维韦卡南达的“行动吠檀多论”、奥罗宾多的“整体吠檀多论”、薄泰恰里耶的“吠檀多认识论”、薄伽万·达斯“关于‘自我’的科学”和拉达克里希南的“新吠檀多论”，并且阐述了新吠檀多哲学的共同特点。

第九至十一章，分别讲述印度人的宗教信仰和多神崇拜、宗教的祭祀、礼仪和圣地，以及丰富多彩的宗教节日和独具特色的生活习俗等。

第十二至十五章，分别介绍了印度的现代文学、多姿多彩的舞蹈、印度电影事业举世瞩目的成就，以及印度现代科技的高速发展等。

第十六章，讲述了独立以后印度种姓关系的演变。种姓歧视是印度社会的一大弊病，它的改变标志着印度文明的发展和进步。

第十七章，阐述了近现代印度文化在欧美各国的传播，以及新型印度教社团在西方的发展。

第十八章，专门讲述近现代以来中印之间日益频繁的文化交流，这种交流代表着中印两国人民传统友谊和友好关系的不断发展。

自从1991年经济改革以后，印度经济快速增长，2017年印度的GDP已经超过法国，列于美国、中国、日本、德国和英国之后，成为世界第六大经济体。印度的迅速崛起，引起世界各国的高度关注。另外，随着中印两国交流日渐频繁，中国前往印度的经贸人员、学者、留学生和旅游团体越来越多，中国人对了解印度文化、宗教、风土人情的兴趣也越来越浓厚。因此，本书有助于中国人全面认识现代印度的思想文化、宗教信仰、文学艺术、风俗习惯等，对促进两国人民的思想沟通和友好交往具有十分重要的意义。

朱明忠

2019 年 5 月

第一章　莫卧儿王朝瓦解与西方殖民主义的入侵

到了 18 世纪，印度最后一个封建帝国——莫卧儿王朝已走向衰落。英国殖民者趁此之机，一方面向印度发动军事入侵，另一方面又采取实施政治阴谋、分化瓦解的手段，逐步占领印度各地，最终使这个幅员辽阔、人口众多的东方古国完全沦为殖民地。从此，印度揭开了近现代的历史，印度社会也进入了一个大动荡、大变革的时代。

第一节　早期西方殖民主义的入侵

早在 15 世纪末，莫卧儿王朝尚未建立，西方殖民主义者就开始侵入印度。从西方的入侵，到印度被完全沦为殖民地，经历了一个很长的过程。在西方殖民者中，最早入侵印度的是葡萄牙人，随后是荷兰人，再后是英国人和法国人。

1498 年，葡萄牙航海家瓦斯科·达·伽马率领船队绕过非洲好望角，第一次到达南印度的卡利库特港。他与印度人进行贸易，将大量印度产品带回欧洲，获得丰硕利润，使欧洲人感到震惊。此后，葡萄牙王室不断地派遣商船来印度，一方面进行贸易，另一方面寻衅占领港口，建立通商据点。1509 年，阿尔布开克被葡萄牙国王任命为葡萄牙驻印度事务总督，他用武力占领了印度西海岸的港口城市——果阿，并设立防御，使之成为葡萄牙东方海上帝国的首府。在达·伽马抵达印度后的50年内，葡萄牙人占领了果阿周围海岸约97千米长的地区，向内陆纵深约48千米，在西印度和南印度还占据了许多沿海港口和村镇。整个16世纪，葡萄牙人垄断着东方航线，控制着欧洲与印度的贸易。

17世纪初，葡萄牙在印度的势力逐渐衰弱，荷兰的势力不断增强。1602年，荷兰商人的一些小公司联合成立荷兰东印度公司，此公司由国家政权控制，垄断荷兰对东方的贸易，并享有宣战、媾和、占领领土、建立要塞的特权。此后，荷兰人占领了印度的香料群岛，排除了葡萄牙人，垄断了印度对欧洲和亚洲的香料贸易。他们还在古吉拉特、孟加拉、科罗曼德海岸建立商馆，对印度推行垄断贸易。到17世纪后期，荷兰从印度输出的商品总额已经超过了其他各国。

第二节　印度沦为英国殖民地

英国人进入印度比葡萄牙人和荷兰人要晚一些，但是势头却强大得多。1588年英国打败了西班牙的无敌舰队，成为海上强国。1600年，为了争夺对印度贸易的垄断权，伦敦商人在英国女王的支持下，成立了英国东印度公司。这个公司除了垄断贸易外，还具有建立军队、发动战争、占领殖民地、设立司法机构、铸造货币等权利。东印度公司通过贸易、武力、外交和收买等手段，排挤葡萄牙和荷兰在印度的势力，逐步在印度建立起自己的贸易基地。到18世纪初，英国人已经控制了孟加拉、孟买和马德拉斯三大沿海地区的贸易权。

1664年，法国人也成立了东印度公司，他们也加入争夺印度市场的斗争。为了争夺势力范围，法国人与英国人曾在印度的卡尔那提克地区发生过三次战争，结果法国被英国打败。后来，法国逐步退出了与英国的竞争，只保留在印度东南海岸的几个据点。

18 世纪中期，英国人排除其他外国的势力，控制了印度的贸易权之后便开始对印度进行武力征服。1757 年，英国东印度公司在普拉西地区发动了一场战争，这就是有名的“普拉西战争”。结果，东印度公司打败孟加拉王公，占领了印度最富饶的地区——孟加拉。当时，莫卧儿王朝已经瓦解，印度处于四分五裂的状态。从普拉西战争起，英国人开始对印度大肆进行军事侵略，到 1849 年最后占领印度西北的旁遮普地区，共花费了 92 年的时间。在这近百年时间内，英国人在使用武力的同时，还使用各种分化瓦解的手段，逐步占领了印度的各个地区，最终使这个东方大国沦为殖民地。1858 年 8 月 2 日，英国议会通过了《关于改善治理印度的法案》，法案撤销了东印度公司，公开宣布印度的国家政权转入英国女王手中，英国维多利亚女王也成为印度的女王。从 1858 年起，印度正式成为英国殖民地。

第三节　殖民统治的两种方式

从 1757 年英国人占领孟加拉地区起，他们就开始在印度建立一套殖民统治体制。由于他们的人力和军力有限，无法直接控制全印度，因此英国人在印度的殖民统治采用了两种方式。

一种是直接的统治方式。英国人对一些经济较为发达的沿海地区，采取直接军事占领、直接统治的方式，这些地区叫“英属印度”。如孟加拉、孟买和马德拉斯都属于英属印度。在英属印度，原来印度的统治机构全部被废除，英国人建立起自己的行政机构。孟加拉、孟买和马德拉斯这三个地区，就变成了英国的三个省，每个省都建立省政府，负责治安、司法、税收等事务。在官员的录用上，实行严格的种族歧视，政府官员一律由英国人担任，只有在税收部门才可以雇佣一些印度人。另外，英国人在英属印度还建立了高等法院和完整的司法制度，这样就为他们的殖民统治提供了法律保护。

另一种是间接的统治。英国人对那些通过分化瓦解和收买手段征服的地区采取间接的统治方式，这些地区属于英国的附属国，又叫“印度土邦”。这

些土邦王公与英国签订了各种条约，名义上他们与英国是“盟国”，处于平等地位；实际上，英国派驻各土邦的官员才是太上皇，一切军事和外交事务都要经过英国驻扎官的监督和批准，就连土邦王位的继承也要由英国人批准。只是土邦的内政问题，由土邦自己管理。这些土邦在印度有数百个，大约占印度总面积的 2/5。众多的“印度土邦”是英国殖民统治以后才出现的，这样就人为地加剧了印度的分裂状态。这对以后印度政治经济的发展起了很坏的作用。

英国人在印度的殖民统治，给印度人民带来深重的灾难。据统计，从 1860 年起，印度每年上交给英国的贡赋总额超过一亿英镑。1885 年—1891 年间，仅两项殖民地贡赋——英国在印度投资所得的红利和从印度国库汇往宗主国库存的款项，每年就达 3000 万英镑。英国人利用殖民地的统治机构对印度人民横征暴敛，残酷压榨，使他们的生活极度贫困化。19 世纪 70 年代末，印度居民每人每年的收入都不到 40 先令。在歉收的年景，广大农村遭受严重饥荒，死亡的人数骇人听闻。1850 年—1875 年间，印度发生 6 次大的饥荒，饿死 500 多万人；1875 年—1900 年间，发生 18 次饥荒，死亡人数高达 2600 万。

第四节　1857年印度民族大起义

1857 年，为了反抗英国残酷的殖民统治，印度人民掀起了一场全国性的武装大起义。实际上，这是印度民族与英国殖民当局长期积累的各种矛盾的一个总爆发。这场民族起义规模空前，涵盖了整个印度人口的 1/10、面积的 1/6，时间持续了两年多。因此，给趾高气扬的英国殖民者造成了极大的震撼和沉重的打击。

起义的原因是多方面的。首先，英国把印度变成殖民地以后，印度就成了英国的商品市场和原料供应地，这就造成了印度传统手工业者，尤其是纺织业者的破产和失业。广大农民也由于各种税收的加重而无法生活。其次，殖民当局的种族歧视政策和各种税赋制度也触及了封建地主和各土邦王公的利益，使这些封建贵族也对英国人产生强烈不满。另外，英国人侵入印度后，大力推广基督教，并且以立法的手段鼓励印度人改信基督教，这样就严重伤害了印度教教徒和穆斯林的宗教感情，使他们感到信仰危机。还有，殖民当局为了弥补兵源的不足，大力招收印度人当兵。例如，在孟加拉管区，英印军队共有17万人，其中印度士兵大约有14万，这些士兵大都来自下层或破产的印度农民家庭。但是，他们在军队中受到各种不公正待遇和歧视，他们只能当低等下级军官，而且经常受到英籍军官的斥责、欺负，并被克扣军饷。因此，印度士兵对英国人的愤怒情绪也逐渐上升。

起义的直接导火线是，1857年初英国人发给英印军队的子弹涂着牛油或猪油，印度士兵感到这是对他们宗教感情的亵渎，因为印度教教徒士兵不吃牛肉，穆斯林士兵不吃猪肉，因此他们拒绝使用这些子弹。他们的行为遭到镇压，有些士兵甚至被判重刑。5月10日，驻米鲁特的印度士兵首先揭竿而起，冲进监狱，救出被关押的伙伴，并杀死了英国军官，烧毁了殖民官府。他们连夜向德里进发，次日抵达德里城下，德里的印度军民主动打开了城门，起义军占领了德里城。从此，大起义爆发。

起义的过程大致分三个阶段。第一阶段，1857年5月至9月，是起义逐渐上升时期。印度士兵占领德里的消息一传出，各地军民纷纷响应，起义的烽火到处点燃。起义的地区囊括了整个北印度、西北印度和中印度的大部地区。第二阶段，1857年9月至1858年4月，是城市保卫战时期。起义军占领了许多城市，如德里、康浦尔、勒克瑙等，英国军队对这些城市大举进攻，起义军民奋勇保卫。尤其是德里的保卫战十分激烈，起义军民坚持了整整6天，造成英军死伤5000多人。第三阶段，1858年4月至1859年11月，是起义军转入游击战的时期。随着英军的疯狂镇压，起义军占领的城市逐个失守，被迫转入广大农村地区与英军打游击战。

在大起义的英雄名册中，有一个著名的人物——章西女王。章西是印度马拉特地区的一个土邦。土邦的女王拉克什米·巴依也响应起义，投入反英的战斗中。1859年3月，英军围困章西城时，女王亲自监督修筑防御工事，准备进行长期斗争。敌人攻城时，女王身着戎装，率领军民英勇抗战。章西失守后，女王女扮男装，冲出重围，继续与英军战斗。6月17日，女王身先士卒，奋勇杀敌，不幸牺牲，年仅 23 岁。章西女王的英雄事迹一直在印度人民中间流传，成为鼓舞人民进行反英斗争的精神力量。

印度民族的大起义，一方面沉重地打击了英国殖民主义者，迫使他们不得不改变统治的策略；另一方面也标志着印度民族的觉醒，印度各阶层民众开始联合起来共同反抗外来侵略者。

第二章　近代的宗教与社会改革

19 世纪初，随着英国殖民者的军事入侵和经济掠夺，印度社会极度动荡，整个民族进入生死存亡的危急状态。为了振兴国家和民族，印度的一些先进思想家首先在沿海地区掀起了一场以改革印度教为先导的社会改革运动。这场运动发源于孟加拉，随后逐步扩展到全国，声势浩大，持续近百年之久。在这场运动中，宗教改革和社会改革相辅相成，互相促进。宗教改革打破了宗教的各种禁锢和愚昧，解放了人们的思想；社会改革消除了各种封建传统的陋习和野蛮制度，促进了社会的平等和进步。

第一节　罗姆摩罕·罗易与梵社

印度的宗教和社会改革运动起源于 19 世纪 20 年代的孟加拉。1828 年，罗姆摩罕·罗易（Rammohan Roy，1772 年—1833 年）在加尔各答创立了印度教的改革社团——梵社。梵社是近代印度第一个改革社团，它的一切宗教和社会改革活动都具有重要的开创意义，为后续的改革组织树立了榜样，并对印度社会进步产生了深远的影响。

梵社的创始人罗姆摩罕·罗易，是印度近代最伟大的思想家和改革家，被印度人民尊称为“近代印度之父”。他出生于西孟加拉邦胡格利县的一个显贵的婆罗门家庭，从小受到良好的教育，12 岁时被送到当时印度的文化中心巴特那学习阿拉伯文和波斯文，在那里接触到伊斯兰教的教义和哲学。15 岁到 20 岁时，他曾周游南亚次大陆各地，增长了见识，并向各地民间学者学习印度教思想。1804 年—1814 年，他受雇于英国东印度公司，当过东印度公司的收税官。在与英国人的交往中，他又了解了基督教教义和西方的各种进步思想。他研究过伊斯兰教和印度教，又熟知基督教和西方思想，广博的学识为他的宗教改革奠定了思想基础和理论准备。1814 年，他从东印度公司辞职，定居于加尔各答，专门从事宗教和社会改革活动。罗易广闻强记、知识渊博，可以用 5 种文字进行写作，其中包括英文、梵文、波斯文、孟加拉文和印地文。此外，他还懂阿拉伯文、法文、拉丁文、希伯来文和希腊文。

一、主张改革印度教，批判印度教的各种弊病

罗易抨击的主要目标是印度教神学体系中的偶像崇拜和烦琐祭礼。他认为，偶像崇拜给印度社会带来极大的危害，使广大教徒陷入永无休止的毫无意义的祭祀活动中，耗费了他们巨大的人力和财力。他说：“我常常想到印度的偶像崇拜产生了各种烦琐的，甚至有害的仪礼，它比其他宗教崇拜更加损害社会的组织。出于对同胞的怜悯，我不能不尽一切努力将他们从迷梦中唤醒，使他们通晓自己的经典，以真正的虔诚崇拜自然之神的统一性和普遍性。”罗易以古代奥义书为依据，提出真正的印度教只能崇拜一种“无形象的真神”。这种神是“一个永恒的、不可言表的和始终不变的实体，这个实体是万物的创造者和保护者”。实际上，罗易的观点只是奥义书的“梵”与伊斯兰教一神论相结合的产物。为了防止偶像崇拜和烦琐祭仪，他还规定梵社的会堂内不允许陈列任何泥塑、木雕或石刻的偶像，也不得悬挂任何图画或物体的形象，不得举行任何形式的祭祀活动，也不得为任何宗教目的而杀生。梵社会堂建成后，任何人都可以到里面去祈祷神，一般只举行集体礼拜仪式，并且以内心冥想为主。这种崇拜形式打破了印度教传统的祭神方式，开创了宗教崇拜的新风。

二、主张男女平等、妇女解放

罗易坚决谴责印度教中歧视妇女的教义教规，与印度教的各种野蛮习俗——寡妇殉夫制、童婚、多妻等进行了长期的斗争。歧视妇女是印度教社会中一种顽固的弊病，严重地影响了妇女的体质、种族的繁衍和社会的生产。据不完全统计，1815 年—1829 年，印度仅几个地区就有 8000 多妇女因寡妇殉夫制而在丈夫死后活活地被烧死。当时，童婚和多妻的现象更加普遍。罗易与这些歧视妇女的现象进行坚决的斗争。早在 1818 年，他就发动了反对“寡妇殉夫”制度的运动。由于他的积极宣传和鼓动，迫使当时孟加拉总督威廉·本廷克勋爵于 1829 年发布命令，宣布“寡妇殉夫”制度为非法。在他的领导下，梵社为印度妇女的解放做了大量的工作。他们在反对童婚和解除对寡妇改嫁的限制方面取得了成功，并且开办了女子学校，提倡妇女接受教育，鼓励妇女参加社会活动。

三、酷爱平等自由，积极宣传“天赋人权论”

罗易认为一个人不仅应有生存、活动和财产的天生权利，而且应有道义上的各种权利。他赞扬英国人享有公民和政治自由的权利，主张印度人也应当享有这些权利。罗易特别强调印度公民应有言论及出版自由的权利。由于他的宣传和努力，殖民当局做了让步，印度人获得了部分言论和出版自由的权利。1821 年，罗易创办了印度第一份民族报刊——孟加拉文的《明月报》。第二年，又创办了波斯文的《镜报》。他用这些报纸宣传自己宗教和社会改革的主张，并且宣传自由、平等、博爱的人道主义思想。1823 年，孟加拉总督约翰·亚当发布命令，声称未得到政府允许，不得出版新闻报刊和其他定期刊物。闻此消息，罗易立即向高等法院和英国国王参议室提交请求书，强烈抗议这种新的报刊法。在请求书中，他庄严宣称，言论自由是“国家法律赋予我们的无法估价的特权”“绝不能因为它有弊病而改变它”。在罗易和印度民众的坚决抗议下，1835 年殖民当局终于取消了对新闻报刊的各种禁令，印度人民获得了出版和言论的自由。

四、罗易是印度现代教育的首创者

罗易主张彻底改革印度教的传统教育方式，创办西方式的现代教育。他认为，西方国家之所以有强盛的国力，就是因为他们掌握了社会科学和自然科学的知识。所以，他极力主张抛弃印度中世纪经院式的教育制度，而采取以英语为媒介的，以现代科学的方法、精神和思想进行教育的新的教育体制。罗易强调，印度的出路就在于利用欧洲的知识和成就，学会控制和征服自然。他说，在印度"应当促成一种更加高尚的、开明的教育制度，包括数学、自然哲学、化学、解剖学和其他各种有用科学的讲授"。正是在这种思想的指导下，1817 年 1 月 20 日，罗易在加尔各答创立了印度学院。该学院首先实行英语教育，开办了有关自然科学的各种新学科，对在孟加拉地区传播科学知识和西方文化起了重要的作用。1823 年，他曾写信给孟加拉总督阿默斯特勋爵，反对建立梵文学院和梵文教育制度，对英国殖民当局企图与印度封建势力结合起来共同进行文化复古运动做了坚决的斗争。

第二节　达耶难陀与雅利安社

1875 年，在梵社的影响下，达耶难陀·萨拉斯瓦蒂（Dayananda Sarasvati，1824 年—1883 年）在孟买创立了雅利安社。雅利安社是西北印度，乃至北印度最大的宗教改革组织，直至今天这个组织仍然是印度很有影响的宗教改革社团。

达耶难陀·萨拉斯瓦蒂生于西印度卡提瓦尔的一个婆罗门家庭。与其他改革家不同，他所受到的教育主要是印度的传统教育。5 岁时，他开始学习梵文，阅读印度教经典。青年时，作为一个离家游方僧，他在印度各地漫游，向各地的印度教学者学习，就这样整整度过了 17 个春秋。1872 年，他在加尔各答会见了梵社领导人凯沙布·钱德拉·森，受到梵社改革思想的影响，并且听取了凯沙布的两项建议：一是放弃他那苦行僧式的半裸衣着，穿上城里人的服装；二是在传教时要用民众听得懂的地方方言，而不是用梵文。此后，他的改革思想迅速传播，得到广大教徒的拥护，故建立了雅利安社。

达耶难陀的改革主张有以下四项。

一、提出“回到吠陀去”的口号

达耶难陀在各地漫游中亲眼看到、亲身体会到当时印度教的腐朽、愚昧和落后，为了复兴印度教，他勇敢地举起了改革的大旗。他到处宣传，谴责印度教的多神论、偶像崇拜、动物崇拜和许多与之相关的迷信和仪式，抨击种姓藩篱、派系林立、歧视妇女等落后现象和习俗。达耶难陀的基本原则是要用古代吠陀的精神来改革当时的印度教，为此他提出了“回到吠陀去”的口号。在他看来，古代的吠陀经典是真正的知识源泉，是印度宗教的最高权威和原则。印度教之所以发展到今天这个样子，其原因就在于它背离了吠陀的原则和精神。他认为，吠陀不仅是以往各个时代一切知识的“宝库”，而且也是现代科学，诸如物理学、化学、心理学等学科的“种子”，吠陀的许多原则与科学事实的发展是“完全吻合的”。他宣布：“吠陀是真正知识的经典，读吠陀、教吠陀、背吠陀、听人读吠陀，这是雅利安社社员的首要义务。”

达耶难陀利用古代吠陀经典改革印度教，从表面上看，这似乎是一种复古主义。但实际上，这是一种托古改制，是假借古代吠陀的精神来树立一种符合时代要求的新的宗教原则。达耶难陀虽然重新恢复了吠陀的权威性，但是他对吠陀的解释却带有鲜明的倾向性，甚至随意性。例如，他说在吠陀中找不到一个字是支持偶像崇拜的，因此现在流行的偶像崇拜是没有根据的；说吠陀中虽然提到许多神的名字，但其实都是一个神，所以印度教只应崇拜一个至高之神；还说现代的各种思想原则，如自由、平等、博爱的观念和许多现代科学原理，都可以在吠陀中找到启示；等等。他这样解释吠陀，目的就是用现代理性主义和人道主义的原则改造印度教。因为吠陀是印度教的根本经典，在广大教徒的心目中占有崇高的位置，他先用理性和人道主义的原则去解释吠陀，然后再用吠陀去动员和教育民众，这样可以使广大民众更易于接受。因此，达耶难陀创立的雅利安社一直扛着吠陀的大旗，受到了广大教徒的拥护，从而越来越兴旺。

二、反对种姓歧视，主张改造种姓制度

在达耶难陀看来，种姓歧视和对立是印度教的一大弊病。种姓之间的各种禁忌和习俗都不具有宗教的意义，只是婆罗门为了支配其他种姓而故意赋予它们某种宗教的重要性。这些禁忌和习俗都是一些累赘之物，许多世纪积累下来，对宗教本身造成极大的危害。他认为，现行的种姓制度只不过是古代吠陀时期“瓦尔那制度”的全面蜕变。吠陀时期的“瓦尔那”并不是以出身、血统来划分，而是根据德行和知识划分的。那时的社会是根据品格和知识把人划分为四个等级的，而且妇女和男人都享有同等的权利。他宣称，种姓歧视和对立违反了吠陀的精神，必须加以废除，印度教应当回归到古代瓦尔那制度中去。

他提出的改革种姓制度的主要手段有：大力开办学校，让学校用全新的精神教育儿童，使他们增长知识；政府应当根据品德、知识和功绩，将人们进行重新分类；并且通过“净化运动”，使那些改信基督教和伊斯兰教的印度教教徒重新皈依印度教。达耶难陀打破了种姓的界限，允许低级种姓和贱民参加他的社团，从而使雅利安社在广大下层群众中扎下了根。他逝世后，其弟子们继承了他的精神，继续改革种姓制度。从 1900 年开始，雅利安社的两个派别曾联合发起一场改革种姓制度的运动。他们的方法是革命性的：允许低级种姓集团加入雅利安社，在公共仪式上把他们的地位提高到再生族，有权与高级种姓共同进餐和通婚；另外，允许他们参加吠陀仪式、被授予圣线，甚至到高级种姓的水井中去打水；等等。按照过去种姓制度的严格规定：不允许低级种姓与高级种姓一起吃饭、相互通婚，也不允许他们参加吠陀仪式等。雅利安社进行的这种改革是非常大胆的，它大大地提高了低级种姓的社会地位，因而受到了广大低级种姓的拥护。

三、反对奴化教育，重视发展民族教育

发展民族文化是达耶难陀一生的奋斗目标。他反对中世纪吠檀多烦琐而脱离实际的经院哲学，主张教育必须与现实生活联系起来；反对英国人的奴化教育，主张印度人自己创办学校，发扬自主独立精神；反对单纯学习传统文化，主张把学习印度文化与学习西方现代科学技术结合起来。他的这种教育

思想，一直为雅利安社所遵循着，在发展印度教育的过程中起到了重要的作用。1886 年，雅利安社在拉哈尔创办了具有民族形式的现代化大学——达耶难陀盎格罗吠陀学院。1902 年，又在哈特瓦尔建立了朱尔库拉大学。这些学校不仅讲授梵文、印地文和印度古典文学，而且讲授英语和西方科学技术。据 1952 年的统计，雅利安社已经开设了大学 15 所，高级中学 210 所（其中女校 10 所）、中等学校 151 所、小学 892 所（其中女校 700 所）、夜校 142 所、教师培训学校 40 所（其中女校 10 所）。由此可见，雅利安社在普及现代教育、发展民族文化和传播西方科学知识方面曾做出过卓越的贡献。

四、反对歧视妇女，主张男女平等

达耶难陀也像梵社领袖那样，与印度教歧视妇女的陋习进行了坚决的斗争。他反对童婚、溺婴、不许寡妇再嫁，以及寡妇殉夫的不合理现象，也反对印度婚礼上的繁文缛节和索要大量嫁妆的落后习俗。他主张男女平等，妇女应当享有和男子同样的权利，妇女应当受教育、参加社会活动等。在他的努力之下，雅利安社制定了一部《雅利安社婚姻法案》。这部法案后来成为印度法律的一个组成部分。雅利安社非常重视妇女教育，它开办了许多女子中学和小学，并且允许学生参加各种社会活动，这些对提高妇女的文化素质和社会地位、对推动社会进步都起了重要的作用。

雅利安社的宗教和社会改革活动不仅在印度国内，而且在国际上也有较大的影响。达耶难陀生前曾有规定：雅利安社欢迎任何人参加，加入该社的人一律不受性别、种姓、种族、肤色、国籍的限制。因此，他的弟子们遵循这个教导，积极向海外发展，大力吸收海外的印度教教徒参加。该组织的国际活动机构名为“国际雅利安社”，国际雅利安社在缅甸、新加坡、斐济、毛里求斯、特里尼达（美洲）、美国和南美的一些国家都设有分会，并积极组织信徒开展各种活动。到 1952 年，雅利安社在印度国内外已有社员 500 多万人、庙宇几千座，开办的各类学校达 1750 余所……雅利安社是现代印度最重要的改革派别，至今依然继续发展，并在国内外有着广泛的影响。

第三节 罗摩克里希那传教会的改革

在梵社的影响下，宗教改革家斯瓦米·维韦卡南达（Swami Vivekananda，1863 年—1902 年）于 1897 年在加尔各答创立了宗教改革组织——罗摩克里希那传教会。这个组织是以维韦卡南达的宗教导师的名字——罗摩克里希那（Ramoklishna Paramahmsa，1836 年—1886 年）的名字命名的，故称“罗摩克里希那传教会”。虽然它成立的时间比较晚，但是发展却相当迅速，其影响逐步超过了梵社。直至今日，它一直是印度教在海内外非常有影响的改革社团。

罗摩克里希那是印度教著名的改革家，他的改革思想为罗摩克里希那传教会的活动奠定了理论基础。他生于西孟加拉邦胡格利区的一个贫寒的婆罗门家庭，自幼丧父，少年时他就与其兄罗姆俱摩尔出家为僧，其兄是加尔各答附近一座神庙的祭司。17 岁时，其兄病逝，他便接替哥哥的职务，成为该庙的祭司。此后，他终身在这里从事印度教的改革与宣传活动。罗摩克里希那由于家境贫寒，没有上过学，但是他聪慧机敏、勤奋好学，其知识大都是从民间学者或口头文学那里获得的。为了改革印度教，他曾向一个穆斯林教师学习伊斯兰教教义，向基督教徒学习《圣经》。此外，他还与梵社领导人有广泛接触，经常与他们讨论各种宗教问题。他善于用民间寓言或幽默的谚语阐述他的宗教改革思想。

罗摩克里希那和他的弟子的改革思想主要有 4 项。

一、提出“人类宗教”的思想

罗摩克里希那在继承印度教传统的基础上，综合各种宗教学说，提出了一种新的宗教体系，名为“人类宗教”。他不仅熟知印度教，而且了解伊斯兰教、基督教和佛教，并且研究过梵社和雅利安社的改革观点。为了消除各种宗教之间的差异与矛盾，他力图调和各种对立的观点和主张，创造出一种包罗万象的宗教。在他看来，世界上各种宗教的目的都是一致的，即达到人与神之间的交往，实现人类的“普遍之爱”和“美好的生活”。但是，为了实现这个目的，各种宗教所选择的道路或采取的方法是不同的，因此各个宗教派别之间的差异只是形式或名称上的差异，其本质是同一的。例如，他认为，基督教信奉的上帝、伊斯兰教信奉的安拉、佛教信奉的佛陀和印度教信奉的毗湿奴、湿婆、黑天、罗摩等大神都是同一个实体，只是名称不同而已。各个宗教所追求的都是同一个至高无上的神或真理，千万不要为其名称的不同而争吵不休。另外，在对待神的方法上，有的教派采取偶像崇拜、奉献祭祀的形式，有的教派则采取内心冥想、心灵崇拜的形式。在他看来，这些形式只不过是人们崇拜同一个神灵过程中的不同阶段的表现而已，偶像崇拜属于较低级的阶段，内心崇拜属于较高级的阶段，但是两者都是在证悟至高无上的神，求得与神灵的最终结合。

罗摩克里希那的这种学说，看起来像是采取折中的方法来调和改革派和正统派的矛盾，实际上是把印度教的传统与改革思想结合起来，以争取更多的受正统派影响的群众到宗教改革的队伍中来。他在宣传各种宗教在本质上相同的时候，一再强调宗教的使命是推动人类实现“普遍之爱”，每个教徒都应当把“为人类服务”或“为社会服务”作为最高的职责。这些内容显然与正统派的思想不同，他正是把这些具有改革意义的新内容有机地融合在他的体系中，以推动印度教的改革。

二、提倡“行动哲学”和“普遍之爱”

罗摩克里希那主张少讲空话，多做实事，用自己的实际行动去实现宗教理想。他的这种哲学，也有人称为“行动吠檀多”。他非常厌恶那些饱读经书、口若悬河、只讲空话、什么实事都不会做的所谓圣徒。在他看来，一个真正的对神虔诚的信徒，不应当只为自己考虑，而应当约束自己以服务于社会，尽力为他人、为社会多做一些事情。他说：“如果你要自己心中宁静，你就去为邻人服务……如果你要寻找到神，你就去为人们服务，因为在人的身上可以看到神。”罗摩克里希那的这种提倡行动的思想，在当时的改革运动中是具有重要意义的。传统印度教长期以来要求信徒们安于现状、甘心忍耐各种痛苦，而罗摩克里希那打破了这种思想禁忌，号召人们用实际行动来改变自己的命运、变革社会，以实现人类的最美好的理想——“普遍之爱”和“美好生活”。这种观点对以后的宗教改革和社会进步都产生了深远的影响。

三、主张印度教与伊斯兰教联合起来

罗摩克里希那去世后，其弟子继承了他的改革事业。在这些弟子中，最著名的是斯瓦米·维韦卡南达。他在继承其导师学说的基础上，宣称要建立一种新型宗教——“行动的宗教”或“人类的宗教”。其实，他提倡的这种宗教并不是什么全新的宗教，只不过是在革除印度教各种弊病的基础上，将印度教和印度的其他宗教联合起来，和睦相处，携手并肩，共同复兴印度民族。在他看来，世上的各种宗教虽然形式上千差万别，但是在本质上都是一样的，都是要达到人与神的结合，实现人类的“普遍之爱”。因此，印度的各个教派必须取消偏见，消除隔阂，联合起来，用实际行动来建设自己的家园。他说：新的宗教应当是“印度教和伊斯兰教这两个伟大体系的联合——也就是吠檀多的头脑与伊斯兰教身体的联合”。

四、主张在印度建立自由民主的社会

在社会改革方面，维韦卡南达主张印度的各族人民应当在印度精神的基础上团结起来，打破宗教和民族的隔阂，共同为振兴国家而努力。另外，他还主张消除种姓的对立与歧视，改善劳动人民的生活待遇，普及教育与文化，发展民族工商业，提高妇女的地位和权利，清除印度与世界隔绝的状态，加强印度与其他国家的平等交往，等等。他的最终愿望是要在印度教精神的基础上建立起一个西方式的自由民主的社会。他向印度人民呼吁：“用印度的宗教来建造一个欧洲式的社会……在你的平等、自由、工作和活动力的精神各方面，你得变成一个西方人中的西方人，而同时在宗教文化和本能的方面，你得彻头彻尾地是一个印度教教徒。”维韦卡南达在对未来社会的展望中，曾提出一种理论：人类的社会是轮流地被四个种姓，即婆罗门、刹帝利、吠舍和首陀罗所统治着。每一种统治都有它的优点和缺陷。未来的社会将由工人来统治，即首陀罗来统治，这种统治的优点是将把物质的平等和舒适分配给大众。他说，他相信这种工人阶级的统治一定会到来。从这里可以看出，维韦卡南达的社会改革思想中已带有某种社会主义的成分。

在维韦卡南达和其弟子的宣传和鼓动下，罗摩克里希那传教会成为孟加拉地区最大的宗教改革组织，并且不断地向海外发展。截至 1970 年，它在国内设有 81 个活动中心、50 多个修道院、6 所大学和一些研究宗教和哲学的机构，并定期出版和发行各种有关宗教改革的期刊与图书。它还在欧美等海外几十个国家建有 900 多个活动中心和修道院，这些中心都与设在加尔各答的总部保持密切联系。

第四节　宗教改革促进社会进步

从 19 世纪 20 年代，印度兴起了一场轰轰烈烈的宗教与社会改革运动。这场运动从东到西、从北到南，席卷了整个印度大地，震撼了印度社会的各个领域，大大地促进了印度社会的发展和进步。它的成果，概括地说，可以归纳为 5 个方面。

一、批判中世纪的神学体系，解放人民思想

19 世纪的印度教改革运动，从本质上说，也是一场思想启蒙运动。当时印度教的神学宗教体系是束缚人民的思想、阻碍社会进步的主要障碍。要启蒙人民的思想，振奋民族的精神，就必须从批判宗教、变革宗教入手。要批判宗教，也必须首先批判它的神学思想体系。印度教的改革家们批判了中世纪印度教盛行的多神论和偶像崇拜，也揭露了由偶像崇拜而产生的烦琐祭祀仪式给社会带来的各种危害。他们提出建立一种无人格的理性之神。梵社和雅利安社改革的主要内容，就是用抽象的一神论来取代偶像化的多神论。梵社会员只崇拜唯一真神——梵，他们把古代奥义书中宣扬的永恒无限的精神实体——梵奉为至高无上之神。雅利安社也把神视为无形、无限、无所不在的宇宙创造者，并且认为神是“真正的知识”，万物的“基本原因”。由于神是无形的抽象实体，因

此人们无须举行烦琐的祭仪和无休止的顶礼膜拜，只需在内心中进行祈祷、冥想就行了。于是，宗教仪式简化了，宗教信仰也由外在的形式转化为内心的崇拜。这种转变对于印度民众是非常重要的，它可以使人们从各种劳民伤财的宗教仪式中解脱出来，节约大量的精力和财力，以发展社会生产和文化。另外，罗摩克里希那和维韦卡南达也都反对印度教悲观厌世的哲学，提倡“行动哲学”或“行动的宗教”。他们主张，宗教的最高目标是达到人类的“普遍之爱”和“美好的生活”，而这些目标不是靠别的，只有依靠信徒们自己的实际行动才能实现。改革家的这些观点大大地促进了人民的思想解放，使他们从印度教消极遁世、甘心忍耐的哲学中摆脱出来，积极投入到各种变革社会的实践中。

二、破除封建的陈规陋习，提高妇女地位

歧视妇女不仅是印度教的顽固弊病，而且也是印度社会的一大问题。童婚、多妻、寡妇殉夫、禁止寡妇改嫁等都是印度教陈腐习俗中最愚昧、最野蛮的表现，严重地影响了妇女的身心健康，也阻碍了社会的进步。改革家们首先从这里打开了改革印度教的缺口。罗姆摩罕·罗易早在梵社成立之前就发起反对童婚和寡妇殉夫的运动，终于迫使殖民当局于1829年宣布寡妇殉夫制为非法。梵社成立后，积极开展反对童婚的宣传，允许妇女加入梵社，同时开办女子学校，提倡妇女参加社会活动。雅利安社、祈祷社也同样允许男女社员一起参加宗教活动，并专门建立女校，鼓励女子接受教育。19世纪，由于宗教改革家们的大力宣传和实践，印度妇女的权利获得了一定的保障，地位得到了大大的提升。童婚和寡妇殉夫等封建陋习基本上得到制止，妇女开始享受到接受教育和参加社会活动的种种权利。在对待妇女的问题上，改革家们实际上是从西方人道主义的立场出发，力图把天赋人权、自由平等博爱的观念输入到印度社会，以改造旧的传统和习俗。毫无疑问，这对妇女的解放和社会进步起了巨大的推动作用。

三、推广新式教育，传播现代科学文化

改革家们意识到要振兴印度，就必须吸收西方先进的科学与文化。因此，

他们主张废止印度教中世纪经院式的旧教育，采取西方的教育体制，开办新型学校，把学习西方自然科学、人文科学与学习印度传统文化结合起来。1817 年，罗姆摩罕·罗易在加尔各答创立了印度人自己办的第一所新式大学——印度学院，学校既用英语又用印地语进行教学，课程包括各种自然科学和社会科学。同时，罗易还创办了印度最早的民族报刊——《明月报》和《镜报》，宣传改革思想和科学文化。在印度学院的影响下，1828 年孟买也建立了同样类型的大学——埃尔芬斯顿学院。这一东一西的两所大学，标志着印度现代教育的开始。雅利安社于 1886 年在拉哈尔建立了达耶难陀——盎格罗吠陀学院，后又在哈特瓦尔建立了朱尔库拉大学。此外，雅利安社亦开设了许多高级中学、中等学校、小学、女子学校和夜校。这场革命对于印度教育的现代化，对于传播和普及科学文化，培养具有先进思想的青年一代都起了十分重要的作用。

四、打破种姓藩篱，促进社会平等

种姓制度不仅是印度教肌体中的一颗毒瘤，而且也是印度社会进步的重要障碍。正统印度教把低级种姓和贱民排斥在宗教活动之外，不许他们学习和诵读经典、参拜神庙、参加祭祀仪式。低级种姓和贱民在社会生活的各个方面都受到极大的歧视，他们不能与高级种姓通婚、同桌进餐，甚至不能共饮同一口水井的水，等等。种姓的歧视和对立，是印度教千百年遗留下来的一种顽疾，严重地影响着社会的发展与进步。宗教改革家们冲破了种种阻力，坚决批判了种姓制度给社会带来的危害，也从不同的角度对它进行了大胆的变革。例如，罗姆摩罕·罗易反对种姓的限制，他规定任何种姓的人都可以加入梵社，任何人只要行为端正、笃信宗教，都可以出入于梵社会堂，不受歧视。在批判种姓制方面，雅利安社的表现尤为突出。达耶难陀宣称，现行的种姓制度是与古代“瓦尔那”制度和吠陀精神相违背的，必须加以废除。他主张，不应当根据人们的出身和血统来划分种姓，而应当根据知识和品德来对人进行分类。因此，他在自己的社团中打破了种姓的界限，大量吸收低级种姓和贱民参加，使雅利安社能在广大群众中扎下根。

五、激发人民爱国热情，为民族主义运动做准备

19 世纪的宗教改革运动绝不是单纯的宗教运动，而是与当时的社会政治紧密相连的。在英国殖民统治的背景下，改革家们还利用各种宗教的手段启发人民的爱国主义情感，增强民族的自尊心和自信心，从思想上和组织上为以后的民族主义运动做了准备。在这方面，达耶难陀表现得非常明显。他经常用隐喻的语言对殖民主义的统治进行批评，希望印度早日从外国的枷锁中解放出来。他还提出了“印度是印度人的印度”的口号，并且不止一次地告诫自己的信徒：“不让外国人统治我们的国家，不要使我们丧失我们的独立。”维韦卡南达的民族主义与爱国主义宣传也对印度民众产生了很大的影响。他一再宣传要建立一种“能给我们自信、给我们民族自尊”的宗教，批评英国殖民者大量掠夺印度的财富，造成印度的贫困，经常号召印度人民要用战斗去“反对罪恶”，等等。总之，改革家的这些宣传大大地激发了印度人民的民族自信心和爱国主义热情，为 20 世纪民族独立运动的兴起提供了思想上的准备。

第三章　印度的觉醒与民族独立运动

从 19 世纪 70 年代起，印度民族独立运动逐步兴起。独立运动的兴起标志着印度人民的真正觉醒。此后，印度人民经过几代人的艰苦奋斗，终于在 1947 年从英国殖民主义的枷锁中解放出来，获得了民族的独立和国家的新生。印度民族独立运动大致可分三个阶段：第一阶段是国大党建立和“温和派”掌权时期（19 世纪 70 年代—90 年代）；第二阶段是国大党内部“温和派”与“激进派”争夺领导权时期（19 世纪 90 年代—1920 年）；第三阶段是甘地领导国大党时期（1920 年—1947 年）。

第一节　国大党建立和“温和派”的改良政策

一、国大党的建立

19 世纪中叶以后，印度民族工业迅速发展，印度民族资产阶级也随之逐步成长起来。随着民族资产阶级的壮大，他们与英国殖民统治者的矛盾也日益尖锐。为了争取政治上的合法地位和民族工业的发展，印度各地的资产阶级建立了许多民族主义的地方组织，并通过这些组织表达他们的政治要求。例如，1851 年，加尔各答成立了“英属印度协会”，简称“英印协会”。1852 年，孟买建立了“孟买协会”，马德拉斯成立了“马德拉斯本地人协会”。1870年，马哈拉施特拉地区创立了“浦那全民大会”。1876年，孟加拉地区又建立了“印度协会”。这些地区性组织要求改革殖民地税收制度，扩大印度人的参政权利等。 到了19世纪70—80年代，印度民族主义的活动才真正形成一场政治运动。当时，各地分散的民族主义组织纷纷要求建立全国性的统一组织。在这种形势下，1885年，国大党在孟买宣告成立。国大党的建立，标志着印度民族主义运动进入了一个新的阶段。国大党作为全国性的政治组织，其重要意义在于，它开始使民族运动由分散走向统一，由地区性运动发展成全国性的运动。

二、温和派的改良主义政策

国大党建立之初，它的领导权掌握在一批民族主义改良派的人物手中，由于他们对英国殖民统治采取温和的改良态度，因此被人们称为“温和派”。温和派的主要代表人物，除了孟买的达达拜·瑙罗吉和浦那的戈文德·罗纳德外，还有孟加拉的苏伦德拉那特·班纳吉和浦那的克里希那·郭盖雷等。他们一方面揭露殖民主义者对印度的政治压迫和经济掠夺，提出一系列政治和经济的改良要求：改变政府高级职位由英国人垄断的状况，增加印度人在政府任职的名额；降低税收，减少殖民地贡赋和行政、军事开支；发展民族工业，实行保护关税；等等。但是，另一方面，他们又对英国抱有幻想，试图在英国的保护下发展民族工业，争取民族的平等权和参政权。所以，在他们的领导下，国大党初期的活动脱离了广大民众，仅限于在报刊上进行宣传，向英国议会提交请愿书，以及每年召开国大党年会议论议论而已。

第二节 “激进派”与“印度自治”的政治纲领

一、国大党内“激进派”的政治主张

19世纪90年代，民族运动进入第二个阶段，即国大党内部“温和派”与

“激进派”争夺领导权的时期。此时，国大党内部出现了一股新兴的力量。一批激进的小资产阶级民主主义者加入党内，使其面目发生巨大的变化。这批民主主义者反对国大党领导人保守的改良主义政策，主张对英国殖民统治采取坚决斗争，因而被人称为“激进派”。激进派的代表人物是马哈拉施特拉地区的巴尔·甘达尔·提拉克（Bal Gangadhar Tilak，1856 年—1920 年），孟加拉地区的贝平·钱德拉·帕尔和奥罗宾多·高士等。他们批评国大党领导人的行动是“政治空谈”或“政治行乞”，不可能领导国大党获得民族的权利。他们对殖民主义者不抱幻想，要求完全摆脱殖民统治，恢复印度独立，提出“建立共和国”；主张以斗争的精神教育群众，唤醒民族自尊心，动员广大民众参加反英斗争等。

二、“印度自治”成为国大党的政治纲领

在激进派中间，提拉克是最杰出的代表。他生于马哈拉施特拉邦的一个婆罗门家庭。他的家乡是富有反抗传统的马拉特人的居住地，他从小就受到爱国主义和民族反抗精神的熏陶。1880 年在浦那的德干学院毕业后，他便从事政治和社会活动。他在浦那创办了两份报纸——马拉特语的《狮报》和英语的《马拉特报》。这两份报纸积极宣传爱国主义思想，对西印度的民众产生了深刻的影响。

提拉克从国大党成立之初就参加它的活动，但是他对国大党领导人的改良主义路线极为不满，认为在英国人统治下进行某种改良是不可能获得真正民族权利的。因此，1895 年他在《狮报》上发表文章，第一次提出了“司瓦拉吉”（Swarajya）的口号。“司瓦拉吉”一词出自梵文，早在吠陀文献中就已出现了，意为“自主”或“自治”。提拉克利用这个古老的词，提出印度要争取“司瓦拉吉”，就意味着印度要从英国殖民当局的枷锁中摆脱出来，获得“民族自治”，“自己管理自己国家的权利”。

到了 20 世纪初，国大党的领导人开始分化为两派：一派是以瑙罗吉和郭盖雷为首的“温和派”，主张通过议会的合法斗争实现民族的要求和社会改良；另一派是以提拉克为首的“激进派”，主张通过群众性的政治斗争来实现

印度的完全自治。两派在国大党的奋斗目标和斗争方法上产生严重分歧，一直进行激烈的争辩。最终，激进派取得了胜利。1906 年，在加尔各答举行的国大党的年会上，以提拉克为首的激进派经过努力，终于说服了温和派，使大会通过了争取“印度自治”的正式决议。提拉克宣传 10 年之久的“司瓦拉吉”的要求，从此成为国大党全党共同奋斗的政治纲领。

三、印度民族运动的第一次高潮

在激进派的领导下，1905—1908 年孟加拉人民开展了声势浩大的“反分治”斗争，这场运动受到了全国人民的支持和声援，从而使印度民族运动出现了第一次高潮。当时，孟加拉省是印度民族运动最兴盛的地区。英国殖民当局为了分化民族运动，故意把孟加拉省分割成两个部分，以便分而治之。所谓“反分治”斗争，就是孟加拉人民起来反对英国人这种“分而治之”的阴谋。1905 年由孟加拉兴起的“反分治”斗争，很快就发展成为全国性的抵制英货和自产运动。在印度许多城市，堆积如山的英国纺织品和烟、糖、盐都被当众焚烧，浓烟伴随着群众的欢呼声冲向蓝天，十分壮观。激进派组织起来的民众运动，对英国殖民统治造成了巨大的冲击。1908 年，殖民当局开始镇压群众运动，矛头直指国大党激进派，大多数激进派领导人相继被捕。同年 7 月，殖民当局以“煽动叛乱”罪逮捕了提拉克，判处他 6 年徒刑。在审讯提拉克期间，孟买 10 万工人举行大罢工，要求释放提拉克。

1908 年以后，印度民族运动进入低潮，但是提拉克提出的“印度自治”口号却深入民心，为广大民众所接受，成为印度人民奋斗的最终目标。

第三节　甘地领导的非暴力不合作运动与印度独立

1920 年—1947 年是印度民族独立运动的第三阶段，即甘地领导国大党的时期。1915 年初，甘地满载盛誉从南非回到印度。他在南非时期积累了丰富的反对种族歧视斗争的经验，并创立了“非暴力不合作”的斗争方法。回到祖国后，他加入国大党，力图把他在南非运用的“非暴力不合作”方法运用到印度的民族运动中。但是，国大党的领导人却对此表示怀疑，不肯接受。为了证明自己，甘地在1919年3月就采用非暴力不合作的方法，领导印度人民反对殖民当局公布的歧视印度人的“罗拉特法”。他号召全国举行一天罢工，各行各业都停止工作，举行祈祷和绝食，来反对邪恶的法律。这个号召得到全国各地的响应，收到了超乎意料的效果，最终迫使殖民当局取消了这个法律。因此，甘地的非暴力不合作方法受到各界的赞许。1920年9月，国大党通过决议接受了甘地的非暴力不合作斗争策略，并把它作为实现“印度自治”的方法。从此以后，甘地便成为印度民族运动最具权威的领导人。

在甘地的领导下，印度举行了3次声势浩大的非暴力不合作运动，大大地促进了民族独立的进程。

一、1920年—1922年的第一次非暴力不合作运动

1920年，在国大党会议上，甘地郑重宣布，只要全党认真贯彻他提出的非暴力不合作计划和开展手纺等建设性工作，印度在一年之内就可以获得自治。甘地的号召得到了全党的响应，非暴力不合作运动便迅速开展起来。所谓“不合作”，就是不与英国殖民政府合作，在各个方面抵制该政府的活动。例如，放弃殖民政府授予的各种头衔，放弃在政府内的各种职位；抵制法庭，抵制公立学校，抵制英货；等等。1921年，不合作运动在印度各地蓬勃发展，尤其是抵制英货运动给殖民政府造成巨大的经济损失。与此同时，甘地倡导的手纺运动也在全国展开。手纺运动纺出了民众的自尊、自助、自爱、自强精神，对发动农民有巨大的推动作用。1921年下半年，殖民当局开始镇压，逮捕了一些运动领导人。甘地决定开展文明不服从运动，即实行抗税斗争。1922年2月5日，在一个名为“曹力曹拉”的小村庄，发生了一起暴力事件：愤怒的农民放火烧死了22名警察。甘地得知这个消息后，不顾别人的反对，决定停止开展不服从运动。此后，第一次不合作运动中止。

二、1930 年—1933 年的第二次非暴力不合作运动

1930 年 1 月 26 日被国大党定为“印度独立日”。在这一天，印度各大城市和农村都举行了大规模的群众集会和游行，高呼“独立万岁”“非暴力不合作是我们的道路”等口号。看到群众的斗争积极性空前高涨，甘地决定开展第二次非暴力不合作运动。这次运动主要采取不服从的形式，故又称为“文明不服从运动”。当时，殖民当局实行着严格的食盐专卖法，不允许印度人自己制盐。甘地选择从不服从食盐法入手，作为运动的突破口。1930 年 3 月 12 日，他亲自带领一批真理学院的学员，从萨巴萨里真理学院出发，步行到海滨村庄丹地，全程约 426 千米。4 月 6 日，甘地等人到达丹地海边，捡起盐块，向全国人民表示他们敢于破坏殖民政府的食盐法。这就是历史上著名的“食盐进军”。此后，便开始了全国性的不服从运动。各地的不服从运动与抵制英货运动结合起来，声势浩大，对殖民政府造成巨大威胁。不久，殖民当局开始镇压，两次逮捕甘地，但甘地坚持斗争，运动一直持续到 1933 年 8 月才结束。

三、1940 年—1942 年的第三次非暴力不合作运动

第二次世界大战爆发以后，英国人在完全没有与印度磋商的情况下，就把印度拖入了战争。印度人民对此非常愤怒，他们开展了持续不断的反英反战活动。1940 年 10 月 17 日，甘地宣布开始实行反战的文明不服从运动。当时，英国人一方面迫切需要印度的全力支持，而另一方面又拒绝了甘地和国大党提出的印度独立的要求。英国人的态度迫使甘地和国大党采取最后的行动，即开展更大规模的不服从运动，把英国人从印度赶走。1942 年 8 月 8 日，国大党开会通过了甘地起草的要求英国退出印度的决议。这就是著名的“退出印度”决议。这个决议宣布动员全国一切力量，开展最广泛的不服从运动，以实现英国退出印度的目标。此次运动到 1943 年逐渐消沉。

四、1947 年印度的独立

1945 年，第二次世界大战结束。世界反法西斯战争的胜利，大大地鼓舞了亚非被压迫民族争取民族独立的斗争。战后，印度人民的反英斗争日益高

涨。只 1945 年一年，印度各地工人进行的罢工就有 800 多次，参加的人数有七八十万。这些罢工不仅有经济要求，而且带有政治色彩，许多集会和游行都喊出了“印度独立万岁”“英国人滚出印度”的口号。1946 年 2 月，在孟买爆发了著名的印度海军起义。孟买海军起义的消息迅速传遍全国，各地的印度海军纷纷宣布支持。与此同时，孟买 20 万工人也举行了总罢工，支持起义的水兵。孟买海军起义标志着印度民族运动已经扩展到军队，英国殖民统治的大厦已经从根基上发生了动摇。

在这种形势下，英国政府不得不接受印度民族独立的要求。1946 年 3 月 15 日，英国首相艾德礼在议会下院宣布：准备承认印度独立。1947 年 8 月 15 日，根据《蒙巴顿方案》，英国政府移交出在印度的统治权，印度和巴基斯坦两个自治领正式成立。从此，印度人民获得了真正的独立。

第四节　“两个民族”理论与印巴分治

一、“穆斯林国家”的提出

20 世纪初，印度民族独立运动不断高涨。英国殖民者为了离间印度人民的反英斗争，故意采取“分而治之”的政策，挑拨印度教教徒和穆斯林教徒之间的关系，致使两大教派的矛盾日益尖锐。

1930 年，穆斯林著名诗人、哲学家伊克巴尔当选全印穆斯林联盟阿拉哈巴德年会的主席。在这次年会上，他第一个提出了在印度建立“穆斯林国家”的设想。他在大会上宣布：“我愿意看到旁遮普、西北边省、信德和俾路支斯坦构成一个单独的国家。无论在英帝国之内自治或是在英帝国之外自治，建立一个巩固的西北印度穆斯林国家，我认为至少是西北印度穆斯林的必然归宿。”伊克巴尔建立“穆斯林国家”的设想刚一提出来，仅仅被人们看做是“一个哲学家的梦想”，就连穆斯林联盟领导人也不相信这个想法能够实现。但是，随着穆斯林联盟与国大党的关系逐步恶化，这个思想渐渐为穆斯林所接受并蔓延开来。

最初，伊克巴尔主张的“穆斯林国家”概念是不太明确的。1933 年，一位在英国剑桥大学留学的印度穆斯林学生，名为拉赫马特·阿里（Rahmat Ali），对这个概念做出了精确的解释。他还为这个新国家创造了一个名字，称为“巴基斯坦”（Pakistan），这个名称是由组成这个国家的一些主要省份的第一个字母所构成的，其主要省份有：旁遮普、阿富汗省（或称西北边省）、克什米尔、信德，再加上巴路支斯坦的一部分。事实上后来建立起来的穆斯林国家确实采用了这个名称，但是当时由于拉赫马特·阿里只是一个学生，他的思想并没有受到应有的重视。

二、“两个民族”的理论

直到 1936 年，穆斯林联盟主要领导人真纳（Mohammad Ali Jinnah，1876 年—1948 年）才真正接受单独成立“穆斯林国家”的思想。为了给这种思想制造理论根据，他提出了“两个民族”理论。他认为，印度的穆斯林和印度教教徒是 “两个不同的民族”，两者差异太大，甚至许多方面是对立的，在一个国家内和睦相处是根本不可能的。他强调说：把这样两个民族硬捆在一起，置于同一个国家政权之下，一个作为多数民族，一个作为少数民族，这只能导矛盾逐渐尖锐。因此，他主张，穆斯林既然是一个单独的民族，就理应有“自己的家园，自己的领土和国家”。在真纳的鼓动和宣传下，建立穆斯林国家的思想逐步为穆斯林联盟所接受。

到了 1940 年 3 月，在全印穆斯林联盟拉哈尔年会上，他们把建立“穆斯林国家”作为穆斯林联盟奋斗的目标，并且通过了“建立巴基斯坦的决议”，即著名的《拉合尔决议》。

三、印巴的分治

1947 年，在印度反英斗争的强大压力下，英国政府不得不决定把它在印度的权力移交给印度人。当年 6 月，在新任印度总督蒙巴顿的精心策划下，制定出《印度独立方案》，即所谓的《蒙巴顿方案》，并公布于众。这个方案明确规定，在穆斯林人口占多数的地区，如果他们要求自治，应允许他们成立独立的自治领。按照方案的安排，穆斯林占多数的各省区进行了投票，投票的结果是：东孟加拉、西旁遮普、信德、俾路支、西尔赫特和西北边省都愿意加入巴基斯坦。7 月 15 日，英国国会正式通过了《印度独立法案》。此法案决定：从 1947 年 8 月 15 日起，印度将分为印度和巴基斯坦两个独立的自治领。当年 8 月 14 日巴基斯坦自治领成立，8 月 15 日印度自治领成立，从此印巴开始分治。

在印巴分治的过程中，印度教教徒与穆斯林的矛盾进一步加剧。双方的教派组织竭力鼓吹印度教教徒必须迁出巴基斯坦，穆斯林必须迁离印度。在迁徙的过程中，双方爆发了史无前例的教派大仇杀，造成了几十万人死亡和数百万人无家可归。英国人这种“分而治之”的政策和印穆之间的宗教争端，还为以后印巴两国之间的矛盾和冲突埋下了祸根。

第四章　独立后的政治变革与经济发展

1947 年 8 月 15 日，印度宣布独立，从此摆脱了约 190 年的英国殖民统治，揭开了印度历史的新篇章。独立后，印度政府实施一系列新的方针政策，使国内政治、经济、社会和文化发生了天翻地覆的变化。

第一节　独立后的政治变革

独立后，印度政府在尼赫鲁总理的领导下立即开始制定新宪法的工作。1950 年 1 月 26 日，新宪法制定出来并正式生效。按照新宪法的规定，印度结束了自治领的地位，成为独立的共和国。在政治体制方面，实行联邦制和议会民主制。联邦的立法权力机关由总统、联邦院和人民院（上下两院制）构成。联邦院（上院）的议员从各邦立法院的议员中选举产生，名额按照各邦人口的多少来确定，任期 6 年。人民院的议员由全国公民普选产生，任期 5 年。总统是国家最高元首，由议会两院议员和各邦立法院的代表所构成的选举团选举产生，任期 5 年。总统的行政权力是名义上的，实际行政权力由以总理为首的部长会议来行使。总理由总统任命，他组成的部长会议也由总统批准。联邦最高司法机构是最高法院，法官由总统任命。印度联邦下属的各邦的政治体制与联邦基本一致，各邦立法权力机关是邦长和立法院，以首席部长为首的邦部长会议行使行政权力。新宪法对联邦和各邦的职权做出了明确的划分，规定了各自和共同的权力范围。印度是一个多民族、多宗教、多元文化的国家，而且各个地区的政治和经济发展不平衡。实行这种联邦制，完全适合印度多元化社会的复杂形势，既有利于调动各邦的发展积极性，也有利于巩固国家的统一和团结。

新宪法规定印度实行议会民主制，这个制度在联邦和邦两级实施。凡是满21岁（后改为18岁）的公民，不分性别、信仰、种姓和社会地位，无论财富多寡，一律具有选举权。人民院的选举工作由下属总统的联邦选举委员会主持。选举在按人口比例划分的各个选区进行，各选区的候选人由各个政党提名，独立候选人也可自我推荐。在人民院选举中，获得多数议会席位的政党组成联邦政府。经总统授权后，该党的领袖组成联邦部长会议，并担任总理。各部部长由总理提名，总统任命。部长会议必须对议会负责，一旦不被人民院信任，应当立即辞职。各邦立法院的选举也是按人口比例划分选区，选举方法与人民院选举相同。各邦的首席部长，由邦立法院选举中获得多数席位的政党领袖担任。这种议会民主制，一方面调动了各个政党参政议政的积极性，另一方面也使广大下层民众真正享有选举权和各项民主权利，这在印度历史上还是第一次。

新宪法规定公民具有一系列的基本权利，如在法律面前人人平等，享有言论、集会、迁徙、选择职业的自由，禁止一切以宗教、种族、种姓、性别为由而产生的歧视行为，任何人都有担任公职人员的机会。宪法还取消了不可接触制，并规定对一些弱势群体，如列表种姓（贱民）和列表部落（边远山区发展滞后的部落）给予特殊的照顾等。这些规定保护了下层群众的利益，使他们的社会地位提高，促进了他们投身国家建设的积极性。

第二节　建国初期的经济发展方针

建国初期，尼赫鲁政府深受苏联社会主义思想的影响。他们认为，时代不同了，印度不可能再把西方资本主义发展体制照搬到印度来。印度的国情是经济落后和大多数人口极端贫困，印度必须快速发展经济，追赶世界潮流。同时，经济的发展还必须避免财富越来越集中于少数人手中。资本主义经济制度有其优点，但缺陷也很多；而社会主义制度在经济发展上有明显的优势。因此，他们主张，印度应当兼顾两者之长，走一条适合印度的中间道路。

1955 年 1 月，尼赫鲁领导的国大党通过了《建设社会主义类型社会的决议》并开始实施。印度政府实行的这种社会主义，其主要内容有 3 点。

一是实行“混合经济”，即公营经济和私营经济并举。独立初期，印度政府从英国殖民者手中接收了铁路、邮电、港口和军火企业等，这是最早的公营经济。另外，政府还用高额补偿金的办法将一些私人企业收归国有，组成一定规模的公营经济。公营经济主要集中在投资大、周转期长的基础工业、重工业、交通运输、军火和通信企业等。在发展公营经济的同时，政府还大力扶植私人经济的发展，尤其是私人大财团经济的发展，以弥补公营经济的空缺和不足。

二是实行计划经济，协调各方面发展。在尼赫鲁的建议下，政府成立了计划委员会，他亲自担任主席。为了促进经济发展，1951 年政府制订并实施了第一个五年计划（1951 年—1956 年）。在第一个五年计划期间，印度国民经济年平均增长率为 3.6%，工业生产增长 25%，农业生产增长 22.2%，为以后的经济发展打下了坚实的基础。此后，印度政府又制订并实施了第二个和第三个五年计划（1956 年—1966 年）。

三是公平分配财富，保证社会平等。尼赫鲁深知，印度是一个贫穷落后的国家，而且存在着严重的社会差别和不平等。他认为，要想解决这个问题，必须走社会主义的道路。因为社会主义实行公有制，消除依靠土地和资本获利的特权集团，所以它能够公平地分配社会财富，缩小差距，保证平等。因此，他在许多场合一再强调要给予每一个公民平等的就业和学习机遇，要公平地分配社会财富，以消除社会的差别。

第三节　土地改革与乡村建设

独立后，印度政府在农村实行了土地改革和乡村建设计划。主要包括以下 4 个方面。

一是废除柴明达尔土地所有制。所谓“柴明达尔土地所有制”，是在莫卧儿王朝时期形成的。当时的政府为了增加国库收入，便把国家的土地承包给一些商人或高利贷者，要求他们必须向政府缴纳规定的税金。他们再把土地出租给农民，向农民征收多少租金，完全由他们自行决定。他们中的许多人长期承包土地，并具有土地的世袭权。这些人被称为“柴明达尔”，柴明达尔成了国家与农民之间的“中间人地主”，有点儿类似于中国人说的“二地主”。独立后，印度政府规定，以给予补偿金的办法接管柴明达尔地主的荒地、森林和耕地，然后有代价地分给农民。到 20 世纪 50 年代中期，印度全国基本上取消了柴明达尔，政府付给柴明达尔的补偿金高达 62 亿卢比。

二是租佃制改革。从 1953 年起，各邦实行租佃改革方案，即保证租金公正合理和正常稳定的租佃关系。各邦政府规定了地租的数额，要求地主不得驱逐佃户，农民耕种土地 6 年者将取得永租权，允许佃农购买土地等。

三是规定持有土地的最高限额。在废除柴明达尔土地所有制以后，许多柴明达尔以“自营地”的名义把原有土地的很大部分保留下来，这样就使少数人继续拥有大量土地，而多数人依然是无地农民。据 1954 年调查：全国 50% 以上的土地仍然被 10% 的农民占有，而 25% 的农户完全没有土地。为了解决这个问题，从 20 世纪 50 年代末开始，印度各邦政府先后宣布实行土地持有的最高限额法，规定超出限额的土地必须由国家进行分配。为了弥补土地所有者的损失，国家给予他们一定的补偿金。

四是开展乡村建设。为了解决印度农村的落后和贫穷问题，早在独立之前，甘地就开展了乡村建设计划，并取得了一定的效果。1952 年，印度政府开始自上而下实施了一项乡村发展计划，内容包括：实现充分就业、普及科学知识、培训技术人员、推广合作运动、举办公益事业、建设福利设施、修建乡村道路、改进卫生条件等。推行这项计划的目的，就是要在农村普及文化知识，传播科学技术，改变农村面貌，发展农业生产和改善农民生活。当时，政府把乡村发展计划的实施单位称为“发展区”，每个发展区至少包括 100 个村庄，10 万人。政府专门派官员去负责每个发展区计划的实施，其资金主要由政府提供，同时也号召农民自行筹集补充。在实施这个计划中，成千上万的农民经过专门的技术培训，都走上了就业的岗位。到 1956 年第一个五年计划结束时，在印度实施这项计划的发展区就有 1075 个，占全国农村的 1/5 以上。

经过多年的努力，印度实行的土地改革和乡村建设计划取得明显的成果。它废除了柴明达尔土地所有制，限制和削弱了封建大地主的势力，保护了农民的利益，调动了农民的生产积极性，促进了农业发展，并且在一定程度上改善了农民的生活和乡村的面貌。

第四节　1991年的经济改革与印度崛起

独立后，尼赫鲁领导的印度政府主张大力发展民族工业，力图消除殖民统治时期遗留下来的各种经济政策的残余。另外，尼赫鲁本人深受苏联社会主义思想的影响。因此，20 世纪 50 年代以后，印度经济发展出现了几个特点：第一，为了防止印度再次成为资本主义商品的倾销地，因此快速发展民族工业和手工业，力求工业产品自给自足。第二，实行高额的进口税率，对于外国商品进口和外国的投资，必须得到政府许可，即实行许可证制度。第三，建设大型国有企业，对于影响国家经济命脉的基础产业实行国有化，如钢铁、煤炭、机械、电子、通信等。第四，为了维护工人的权利，阻止企业随意解雇工人，也阻止企业破产。第五，在实行许可证制度的过程中，增加了政府的权力，长此以往，政府官僚机构效率降低，经济活力受到抑制。第六，实行计划经济制度，制订“经济发展的五年计划”等。

由于以上的特点，大大影响了经济发展的活力和市场化的程度。因此，到了 20 世纪 60—80 年代，印度年均经济增长率较低，低于巴基斯坦。由于许可证制度阻碍了竞争，许多国有企业亏损严重，垄断企业兴起，整体经济活力不足。

1991 年，印度外汇储备枯竭，遇到支付危机，外汇只能维持 3 个月的进口。印度被迫以黄金作抵押，向国际货币基金组织（IMF）贷款。但是，国际货币基金组织的条件是印度必须进行经济改革。当时的印度总理纳拉辛哈·拉奥在财政部长曼莫汉·辛格（Manmohan Singh）的大力支持下，开始进行经济改革。改革的目标就是要实现经济的自由化、市场化和全球化。拉奥政府采取的主要改革措施有以下几个方面。

1. 取消生产领域的半管制体制，充分发挥私营企业在国民经济发展中的积极作用。新政策决定，除了 6 种工业（国防工业、原子能、采煤、矿物油、铁路运输、与原子能相关的特殊矿业）保留由公营部门经营外，其余的领域均向私人资本和外国资本开放。

2. 对公营企业重新定位并要求其提高效益。1991 年新工业政策明确规定：今后公营企业应当集中在战略性工业、高科技工业和关键的基础工业方面，这就意味着它们不必从事其他领域的工业，从而大大减轻公营企业的过重负担。另外，对公营企业的效益提出必要的要求和指标，对效益不好的企业要加以改造或兼并。

3. 大力引进外资和外国的先进技术。

4. 放宽进口限制，积极鼓励出口。新政策强调，印度应由内向型经济逐步向外向型经济转型，尽快融入国际贸易体系。因此，政府取消了进口的许可证制度，降低了进口关税和税率，并且鼓励印度产品出口。

5. 金融体制方面的改革。政府修改了国家银行法，批准建立一批私人银行，以增加金融市场的竞争活力。这些私人银行可以从外国投资机构融资 20%，从印度侨民融资 40%。印度国家银行也可以在股市融资，股票可出售 49%。另外，为了完善对银行的监督机制，在印度储备银行内建立了金融监督局。

拉奥政府之后的历届政府都继续进行改革，推出各种新的改革措施。例如，印度政府对效率低下的国有企业，如酒店、机场等实行私有化。同时实行减税。2012 年，印度政府允许外资进入零售业；2015 年，开放保险业；2016 年，通过《煤炭法案》，允许印度煤炭企业对外开放；2016 年，通过《破产法》，允许企业破产，大大促进企业的优胜劣汰；2017 年，开征商品服务税，这被认为是独立以后最大的税制改革。

印度历届政府的改革政策，有力地推动了经济的自由化和市场化，大大提高了经济的增长速度。改革以后，印度年均经济增长率达到了 8%，2006 年曾达到了 9.6%，从而成为世界经济增长最快的国家之一。不仅经济发展速度加快了，而且印度经济体量也迅速扩大。例如，2007 年印度的国内生产总值（GDP）突破了 1 万亿美元，2011 年则突破了 2 万亿美元。根据世界银行和国际货币基金组织公布的数据：2017 年，印度的 GDP 达到了 2.59 万亿美元，超过了法国 GDP 的 2.58 万亿美元，仅次于美国、中国、日本、德国和英国，而成为全球第六大经济体。应当说，1991 年以后的经济改革有力促进了印度经济的崛起，从而使其进入世界经济大国的行列。

在印度经济改革的过程中，前总理曼莫汉·辛格起了重要的作用，因此印度人尊称他为“印度经济改革之父”。1932 年，辛格出生于印度旁遮普邦，锡克族人，早年留学英国牛津大学，回国后在旁遮普大学和德里经济学院任教。后来，他担任过印度储备银行的主席，国家计划委员会的代主席，以及世界银行副行长。作为著名经济学家的曼莫汉·辛格，1972 年正式出任印度财政部的首席顾问，1991 年担任财政部部长。在任财政部长期间，他坚决支持拉奥总理的经济改革方针，并制定了一整套的改革政策和措施。

2004 年辛格被选为印度政府总理。在 2004 年—2014 年担任印度总理的 10 年期间，他进一步设计和实施了前所未有的经济改革政策，打破了种种束缚经济发展的枷锁，最终使印度经济步入高速发展阶段。因此，辛格为印度的经济改革和经济崛起做出了不可磨灭的贡献。

第五章　甘地的“真理”与“非暴力”学说

莫罕达斯·卡拉姆昌德·甘地（Mohandas Karamchand Gandhi，1869 年—1948 年）是印度现代史上最伟大的人物，独立印度的主要缔造者之一，在印度被尊称为“国父”“圣雄”（大英雄）。他之所以受到印度人民的如此崇敬和爱戴，一是由于他把毕生的精力都奉献给印度的解放事业，为民族的独立做出了杰出的贡献；二是由于他具有崇高的人格和自我牺牲精神，这种精神使印度人民佩服得五体投地；三是他创立了一个完整的、独具特色的思想体系，人们称之为“甘地主义”，其中包括哲学、伦理、宗教、社会政治诸方面的学说。他的思想不仅对印度人民，而且对争取民族独立的亚非人民、反对种族歧视的美国黑人运动以及现代政治斗争都产生了深远的影响。

第一节　甘地的人生

甘地生于古吉拉特邦波尔班达尔的一个官宦家庭。祖父、叔父都在土邦政府做过官，父亲曾在古吉拉特和万卡内尔土邦担任首相。父母虽然是虔诚的印度教教徒，但较为开明，尽一切努力使子女接受现代教育。他自幼在印度传统宗教和现代西方教育相混合的环境中长大。1889 年赴英国伦敦大学攻读法学，1891 年取得律师资格后回国。1893 年—1914 年在南非的一家印度商行担任法律顾问。此间，他目睹并亲身体会到白人对有色人种的歧视和压迫，便领导印度侨民进行反对南非当局种族歧视的斗争，开始提出“非暴力抵抗”的学说，组织“坚持真理”的斗争，并取得明显的效果。1910 年，在南非约翰内斯堡郊区创办了有名的“托尔斯泰农场”，并与俄国作家列夫·托尔斯泰通信交往。1915 年，他结束了在南非 21 年的生活，满载盛誉回国。回国后，他加入国大党，全身心地投入印度民族独立运动和社会改革的斗争。1920 年，他成为国大党的主要领导人。在反对英国殖民者的斗争中，他多次组织“非暴力不合作”运动，曾 3 次被捕入狱，15 次进行绝食斗争，为印度的民族独立做出了卓越的贡献。1947 年 8 月 15 日，印度宣布独立。不幸的是，印度刚独立几个月，1948 年 1 月 30 日，甘地由于主张印度教教徒与穆斯林相互和解的政策，而被印度教极端教派主义分子所杀害。

第二节 “真理—神”一元论

甘地的思想主要渊源于印度传统宗教学说，其中包括印度教、佛教和耆那教的哲学和伦理思想，亦受到基督教《新约全书》、英国思想家约翰·鲁斯金、美国作家亨利·索罗和俄国文学家托尔斯泰的深刻影响。他在长期的斗争实践中创立了一个独具特色的哲学—伦理学体系。这个体系是以“真理就是神”“非暴力”“坚持真理”以及相关的道德和政治学说为核心的。

甘地对“真理”有多种表述和解说，但中心思想是把“真理”视为神，把神与“真理”等同起来。起初，他把神放在第一位，提出“神就是真理”的公式。但是后来，他宣布“真理就是神”，开始把真理放置首位，把神置于第二位。

为什么甘地要把“神就是真理”改为“真理就是神”呢？其一，在他看来，“神”这个词的含义是不确切的、暧昧的。不同的人都可以给神以不同的解释，可以把它解释为一神论的、多神论的、泛神论的神。但是，“真理”一词的概念是鲜明而确切的，他把真理放在首位是为了给人以清楚明白的印象，使人不会产生误解。其二，他认为，各种宗教都有自己崇信的神，佛教崇拜佛陀，伊斯兰教崇拜安拉，基督教崇拜上帝，印度教崇拜毗湿奴、湿婆等大神。因此，用某种神的概念很难使不同信仰者联合和统一起来，而“真理”却是各种不同信仰者都能接受的概念，甚至连无神论者也不会拒绝或否认“真理”。甘地认为，“真理”一词为各种宗教信徒，甚至无神论者提供了一个共同的观念，这种观念具有把一切人联合起来的力量。他强调“真理就是神”，就是想借助“真理”一词的号召力和凝聚力，把印度不同信仰、不同民族和不同种姓的人联合和统一起来，以实现民族独立的伟大目标。

甘地把“真理”与神等同起来，构成了他的“真理—神”一元论。在他的哲学中，神不仅是宇宙的最高本体，而且是宇宙的最高道德准则和最高真理。既然他把神与真理等同起来，那么真理也自然是宇宙的最高本体、最高道德准则和最高真理了。实际上，甘地说真理时，指的就是神；说神时，指的也是真理；在他那里，真理与神是同一不二的。甘地的这种“真理—神”一元论，为他的非暴力学说和“坚持真理”学说奠定了理论基础。

第三节　“非暴力”学说

甘地继承了古代印度教、佛教和耆那教道德观中的“戒杀”原则，并且吸收了基督教的“以善抑恶”主张、美国作家索罗的“非暴力抵抗”思想、俄国文学家托尔斯泰的“神的王国就在你心中”的观点以及西方各种人道主义思想，由此才创立出他自己的一套独具特色的“非暴力”学说。这种学说，实际上是一种东西方思想的融合。

“非暴力”（Non–Violence）来源于古代梵文“阿希姆萨”（Ahimsa）一词。“阿希姆萨”在古代佛教和印度教的经典中，是一种宗教戒律或道德准则，通常具有两层含义：一是不杀生，即戒杀；二是不做伤害他人感情的事情。甘

地的“非暴力”，基本上承袭了“不杀生”和“不伤害他人感情”的传统意义，但是在具体应用上，却有很大的差别。他认为，如果一个人完全出于自私的或卑鄙的目的去杀害生命或损害感情，那是一种“暴力”行为。但是，倘若他出于无私、爱或正当的目的去伤害生命和感情，这样的行为就不属于“暴力”。

其实，甘地的“非暴力”原则包含着两个方面的意义：一是消极的方面，二是积极的方面。所谓消极的方面，是指不去做什么，即上述的“不杀生”或“不伤害感情”等。而积极的方面，则是要求人们主动地、自觉地去爱，去爱一切人。比较两个方面，甘地更强调积极的一面，强调“非暴力”所具有的“爱”和“行善”的含义。他指出“非暴力核心就是爱”。

甘地深信人的本性是善的，善性（即“神性”）就在人的内心之中。因此，他主张通过非暴力的手段，即爱的方式，去感化和唤醒人的内在善性，从而使恶人改恶从善，使犯错误者改邪归正。非暴力手段为什么能使人改恶从善呢？这可以从两方面来理解：一是从主动的方面看，甘地认为神性代表最高的善和爱，具有无穷的潜力和转化力，一旦人证悟到自己内在的善性，他就会产生巨大的精神力量，会主动地去爱别人，帮助别人揭示自身的善性；二是从被动的方面看，犯错误者的体内也潜居着神性或善性，他们之所以犯错误，是因为他们表面的私欲遮盖了内在的善性，一旦别人用非暴力方式去启迪他们的内在善性，使他们内在的善性显现出来，他们就会“良心发现”，忏悔自己的错误。所以，甘地竭力主张人们应当通过非暴力的手段，即通过自我牺牲和爱的行为，抑制自私、仇恨、报复、嫉妒的感情，首先使自己的内在“善”的本性显现出来，然后再去感化或唤醒犯错误者的内在的善性，使他们改邪归正。他指出：“非暴力是以一种感化他人的能力为前提的。”

第四节　“坚持真理”学说

甘地的“坚持真理”学说是建立在“真理”和“非暴力”的理论基础之上的，换句话说，“坚持真理”原则就是“真理”和“非暴力”学说在社会实践中的具体应用。

“坚持真理”（Satyagraha，音译“萨提亚格拉哈”）一词，出自甘地家乡的古吉拉特语。其实，这个词原来是不存在的，是甘地和别人一起创造出来的。1906年，当甘地在南非领导印度侨民进行反种族歧视的“非暴力抵抗”或“消极抵抗”运动时，他对“消极抵抗”一词深为不满，认为这个词含义太狭隘，一来容易使人感到这是一种“弱者的斗争”，二来它也包含着仇恨的种子，容易最后导致暴力冲突。因此，甘地认为“消极抵抗”不能代表印度人进行斗争的真正性质。后来，他绞尽了脑汁创造出“坚持真理”一词，这时他才感到满意，并以此取代“消极抵抗”这个词。

实际上，“坚持真理”（Satyagraha）是由两部分组成的：“Satya”意为“真理”，“agraha”意为“抓住”“坚持”或“执着”，两部分合起来则译为“坚持真理”。在英文中，这个词常常被译为“真理的力量”“心灵的力量”或“爱的力量”等。当我们理解了甘地的“真理”和“非暴力”学说之后，再来分析“坚持真理”的含义就不那么困难了。所谓“坚持真理”，简言之，就是一个人要真正证悟到自己内在的“真理”或神性，依靠这种“真理的力量”或“爱的力量”，去战胜一切邪恶。

按照甘地的观点，真理就是神，神性就寓居在每个人的心中，每个人内在的神性乃是“最高的善”和“爱”；只要人们证悟到内在的神性，牢牢地抓住神性，坚持依靠这种“善性”和“爱”，就能产生巨大的精神力量，通过这种精神力量来战胜邪恶，铲除社会的各种罪恶现象。甘地甚至把这种精神力量看作是反对暴力、专制和非正义的唯一手段。在他看来，那些邪恶的人心中也肯定有神性或善性的因素，他们之所以干恶事，只是由于内在的善性被肉体的私欲或仇恨所蔽而不能显现出来。因此，只要坚持真理者依靠自己的神性，通过爱的力量不断地感化他们，启迪他们内在的善性，他们的善性就一定能被唤醒。一旦这种善性被唤醒，或者说，一旦良心发现，他们就会忏悔自己的罪过，改邪归正。甘地的“坚持真理”，实际上就是试图依靠“精神感化”的办法来消除社会上的各种罪恶，甚至对待英国殖民主义者也不例外。

甘地的“坚持真理”学说，是以虔诚的宗教信仰和严格的道德修养为前提的。他认为，一个坚持真理者之所以能够依靠自己内在的精神力量，就是因为他虔诚地信仰唯一最高之神，并且确信每个人心中都含有神性。另外，相信再生和业报轮回的观念，也是“坚持真理”的先决条件。甘地认为，一个坚持真理者能够忘我地追求真理，甚至在危难时刻敢于挺身而出，不惜牺牲生命，就是因为他坚信善有善报、恶有恶报，即使今生不报，来世也必得善报。

在道德修养方面，甘地对“坚持真理者”提出了许多严格的要求。他要求坚持真理者必须具有公正、忠诚、无畏、不怕牺牲、忍耐、宽恕、能自觉吃苦等品德。一个人只有具备这些道德修养，才能克服和抑制自私、仇恨和暴力的行为，才能使自己的神性显现出来，才能以极大的力量和耐心去启迪和唤醒他人的善性。

甘地把他的“坚持真理”原则看作是普遍可行的，任何人在任何场合都可以运用。他甚至把“坚持真理”当作解决一切社会问题的灵丹妙药。实际上，甘地的“坚持真理”斗争就是其“非暴力”学说在社会实践中的具体运用，他把他的一切非暴力斗争都看作是“坚持真理”运动。早在南非时期，他就提出“坚持真理”的口号，并把它运用到反对种族歧视的斗争中，后来回到印度，又把它运用到民族解放斗争中。甘地不仅把他领导的“非暴力不合作”和“文明不服从”运动看作是“坚持真理”的形式，而且把他经常进行的“绝食”和“祈祷”也视为“坚持真理”的形式。

综上所述，甘地的“真理”和“非暴力”学说，是20世纪上半叶在印度这个特定的文化背景和历史条件下的产物。这种学说虽然具有浓郁的宗教色彩，但是也包含着许多积极和进步的内容，它反映出甘地要求民族独立、渴望社会平等和人民自由的进步愿望。甘地的“真理就是神”“非暴力”和“坚持真理”的思想在印度这个笃信宗教的国度中是有众多信仰者的，因此，这些思想在动员印度广大民众投身于反对英国殖民主义、争取民族独立的斗争中曾起过重要的作用。

第六章　泰戈尔“普遍和谐”的哲学思想

罗宾德拉纳特·泰戈尔（Rabindranath Tagore，1861 年—1941 年）是现代印度伟大的诗人、文学家和哲学家，他被印度人尊称为“圣诗”或“诗哲”。泰戈尔一生写了大量的诗歌、小说、戏剧、散文以及哲学论著，他不仅创作了众多成就卓著的文学珍品，并荣获诺贝尔文学奖，而且还创造了一个别具特色的哲学思想体系。他的哲学不仅饱含着对大自然的热爱、对人生价值的尊重、对生活的乐观态度、对美好未来的无限向往，而且还充满着对自由、平等、博爱的人道主义的强烈追求，以及爱国主义和国际主义的伟大情怀。泰戈尔的思想是现代文明与印度传统文化相融合的集中体现，它早已凝结成一种宝贵的精神财富印刻在印度人民的心目中，并永载于印度文化的史册。

第一节　泰戈尔的生平

泰戈尔生于孟加拉省加尔各答市的一个名门望族。祖父德瓦卡纳特·泰戈尔是当地著名的企业家和社会改革家，积极支持梵社倡导的社会和宗教改革。父亲戴宾德拉纳特·泰戈尔曾担任梵社的第二代领导人，专注于宗教改革运动。泰戈尔的童年和少年时代，没有上过公共学校，一直在家庭教师的指导下学习。1878 年 9 月，他赴英国伦敦大学攻读语言文学。1880 年回国后，从事文学创作和社会活动。1901 年，在孟加拉省圣蒂尼克坦创办一所学校，大力宣传民族文化，此校后来成为著名的“泰戈尔国际大学”，内设中国学院。1905 年印度民族运动高潮时，他亲自领导示威游行，写作爱国诗篇和歌曲，并创办进步刊物《宝库》。1913 年，他因诗集《吉檀迦利》和他的文学成就，荣获诺贝尔文学奖。此后，多次到欧美和亚洲各国讲学。1924 年访问中国，历时 50 天，在北京多次做演讲，梁启超先生应邀为他起了一个中国名字——“竺震旦”。回国后泰戈尔曾出版《在中国的演讲》一书。1925 年，在泰戈尔的积极倡导下，召开了首届印度哲学大会，他亲自担任大会主席。此后，印度哲学大会每年举办一次，一直延续至今。1930 年，他访问苏联，对苏联社会留下深刻印象，并撰写《俄国书简》，热情赞扬苏联社会主义的伟大成就。1937 年，他亲自主持泰戈尔国际大学中国学院的成立典礼，发表《中国与印度》一文，高度评价中印两国人民两千多年来的传统友谊。他 1941 年 8 月 7 日去世，享年 80 岁。

第二节　人与自然的和谐统一

首先，泰戈尔以其独特的视角分析了人与大自然的关系。在此基础上，他进一步阐述了他的宇宙观、人生观、宗教观和社会理想等学说。应当说，人与自然的关系是剖析和理解泰戈尔哲学思想的出发点。

人与自然到底是什么关系呢？在回答这个问题之前，泰戈尔首先对比了古希腊和印度这两种文明的特点。在他看来，古希腊文明与印度文明在对待人与自然的关系问题上存在着很大的差异。古希腊文明是一种城市文明，孕育于城墙之内。城墙这种壁垒把人与大自然分割开了，使人不能自由地接触大自然。同时，这种壁垒也在人们的头脑中留下了深深的痕迹，会使人养成一种习惯看法：凡是对屏障以外的东西都会产生怀疑，会认为它们是异己的或敌对的。因此，古希腊文明的特点是以征服自然、向自然索取为荣的。他们把城市以外的自然界看作异己的，力求征服自然，向大自然索取和掠夺更多的东西，以供自己享有。另外，他们也认为，自然界的各种事物基本上是无生命的或兽性的，它们没有理智和情感，人是无法与之相沟通的。

泰戈尔认为，印度文明与希腊文明不同，古代印度文明产生于森林。雅利安人最初进入印度时，印度是广阔的森林地带。森林首先给他们提供了躲避骄阳酷暑和暴风雨的场所，也为他们提供了建筑房屋的木材、养殖家畜的牧场、拜神祭火的燃料、赖以生存的水源和食物等。大批的雅利安人部族定居于森林地区，依靠森林而得以生存。因此，森林是印度文明的产生地。

泰戈尔指出，印度文明与希腊或西方文明有两个不同的特点。

一是印度人与大自然保持着和谐统一的关系。印度人并不像希腊人那样，对大自然有一种分离感或障碍感。相反，他们生存于大自然、依靠大自然，与大自然保持最紧密的、最和谐的关系。一旦离开大自然，他们就无法生存下去。

二是印度人把自然界万物都看作是有生命、有感情、有精神的，人与自然界的事物在精神上是相通的，人与自然是可以交流和沟通的。

因此，泰戈尔不赞同西方人所谓的“人与自然是征服与被征服”的关系。他主张，人与大自然是一种和谐而统一的关系。对于印度人来说，人不是去征服自然、战胜自然，而是要与大自然相互依存、相互和谐。

由于西方文明和印度文明在人与自然的关系上看法不同，因此泰戈尔认为，这两种文明在塑造国民和培养人才的方面也存在着很大的差异：西方文明尽一切努力去培养国民，让他们的国民发挥一切才干去占有和利用一切能够得到的东西，在这条道路上他们要克服种种障碍，要与大自然打仗，也要与其他民族打仗，以最终实现他们的理想。与西方文明不同，印度文明的最高理想是人与大自然的和谐统一。因此，印度所努力培养的人不是追求权力、不是追求财富，而是追求和探索宇宙的最高本质，求得人与宇宙的统一。所以，在印度自古以来最受人尊重的不是国王、皇帝或将军，而是那些消除私欲、抛弃家财，在森林静修的圣贤们。

泰戈尔通过对比的方法，阐明了东西方文明的巨大差异，论述了人与自然之间关系的重要性。他主张：一是人与大自然之间的关系原本是和谐的，人与自然在精神本性上是同一的。二是西方人征服自然的观点是错误的，与自然保持和谐统一，才能实现人类的最高理想。三是只有实现人与自然相互和谐的理想，人类社会才能获得永久的和平与安宁。

第三节　人是有限性与无限性的统一

泰戈尔哲学的核心就是人，他的一切哲学论述都是要解决人的问题，解决人生的各种矛盾，极力使人从痛苦和烦恼中解脱出来。

他认为，人具有双重性质，既有有限的一面，又有无限的一面，人是有限性与无限性的结合。具体地说，泰戈尔把肉体和肉体性质看作是人的有限方面，有时他又称它为“有限人格”“有限自我”等。他认为，人的肉体方面是可以用生物学、生理学和心理学来检查和确定的。

人的有限方面有以下 3 个特点。

首先，有限方面要满足肉体存在的基本需求，如衣食住行、生儿育女、寻求欢乐、保证种群的延续等，这些都是人的生存所不可缺少的。因此，人要竭尽一切努力满足这些需求，以保障自身的生存。

其次，人的“有限自我”有一种强烈发展的自私意识。这种自私意识表现在许多方面，比如说，在物质追求上，人有一种贪得无厌的本性。人总是把占有财产作为自己最大的满足，他的行为和思想、他的爱好和努力往往都被获得财产的意志支配着，而且任何数量的财富都压抑不住他的贪婪欲望。这种贪婪欲望使人陷入一种对物质的迷恋之中。此外，人的自私意识还表现在其他各种形式中，如沽名钓誉、自高自大、虚荣傲慢、固执己见、嫉妒报复等。为了满足自私的心理，人有时会达到蛮不讲理的地步；如若他的自私心理受到挫伤，他甚至于会铤而走险或打击报复。

再次，人的“有限自我”力图保持自己的独特性。肉体的人由于其自私性，他往往认为自己是世界上最聪明的、最有力量的人，要求其他人服从于他，听命于他，受他的监督等。他不惜一切代价地保持自己的独特性，力图证明自己高于一切人，从而使自己孤立起来，割断了他与社会的联系。

泰戈尔所谓的“有限自我”，实际上就是指我们所说的“普通的人”或“自然的人”。由于“有限自我”的种种特点，泰戈尔认为，它只代表人的低级属性，不能代表人的真正本质。

什么是人的无限方面？泰戈尔根据古代吠檀多哲学的“梵我同一”原理，认为万物都是梵的显现，人也不例外，也是梵的显现。梵显现或创造了人，并且寓居于人体之中，作为人的精神本性而存在着。这种寓居在人体中的梵，在吠檀多哲学中被称为“我”或“自我”。因此，泰戈尔把这种在人体中的“我”看作是人的无限方面。同时，他还赋予它许多名称，如“灵魂”“无限人格”“无限自我”等。

泰戈尔认为，人的“无限自我”代表人的高级属性、人的真正本性。它是人的精神方面，是存在于人体内的“神性”，是与宇宙最高本体——梵或神相沟通的桥梁。因此，它具有许多不同于“肉体之人”（有限自我）的特性。

一是它使人具有一种强烈的超越自身的愿望，不断地推动人超越有限的自我。人内部的“无限自我”具有无穷的精神和力量，因为它与宇宙最高精神本体——梵同出一源，极力想恢复它原有的精神状态，所以它能推动人超越物质状态，向精神状态发展。

二是因为人性中有了这个无限方面，人才能不断地渴望解脱和永生。人为什么不顾死亡的存在而勇敢地追求永生呢？就是因为人体内部有一种“永恒的精神”，它原本就是永生不死的。由于有了它的推动，人才不甘心死亡，而不断地追求永生，追求从生死轮回中解脱出来。

三是由于有了“无限自我”，人才具有极大的创造力。泰戈尔认为，“有限自我”是以机械的方式或预先决定的方式对外界刺激做出反应的，它缺乏足够的创造性。相反，人内部的“无限自我”却具有无限的创造能力，它不仅有创造新事物的能力，而且有表达新概念的能力，以及各种新颖和独特的想象能

力。有时，泰戈尔把“无限自我”比喻为人体内的“艺术家”。

概言之，在泰戈尔的哲学中，人性包括有限与无限两个方面。“肉体之人”代表人性的有限方面，它属于人的低级属性；人体内的“神性”或“灵魂”代表人性的无限方面，属于高级属性。人就是一个由有限方面和无限方面组合成的统一体。

尽管泰戈尔认为肉体性质代表人的低级属性，但是他与印度古代吠檀多论者不同，他并没有否定肉体的实在性，也没有低估肉体价值和作用。许多古代吠檀多论者认为，肉体是束缚灵魂的牢笼；要想使灵魂获得解脱，就必须断灭肉体，消除肉体的欲望。与此相反，泰戈尔断言：只要人不断地努力，人的肉体性与内在的精神本性是能够实现统一的，换言之，人性的有限方面与无限方面是能够和谐统一的。

在泰戈尔看来，肉体不但是真实的，而且是“神性的庙宇”。人的“神性”就寓居在肉体之中，没有肉体存在，也就不能有人的“神性”，因此，肉体就成了“神性”存在的“庙宇”。他还进一步认为，肉体不仅是“神性”存在的场所，而且也是人们进行精神修炼的基地。人们只要不断地进行精神修炼，就可以把肉体性质转化为精神性质，把人的有限方面转化为无限方面，最终实现两者的统一。泰戈尔认为，只要一个人能尽心尽意地进行修炼，在他活着的时候，他就可以达到精神解脱，根本不需要抛弃肉体。泰戈尔这种对待肉体和生命的态度，说明他抛弃了古代宗教那种蔑视肉体、轻视人生的观点，开始重视生命的意义和人生的价值。

第四节　人类社会的和谐统一

泰戈尔的人性论说明，人有两个方面：肉体的人（有限方面）和精神的人（无限方面）。肉体的人代表人的低级属性，他有强烈的自私意识和独立意识，他会做出许多自私自利的事情，从而使自己与他人隔离开来，使社会不能和谐统一。而精神的人则代表人的高级属性，他具有无限的创造力和真善美的本性，并且在本质上与大自然保持着亲缘关系。一旦人的这种本性被揭示出来，人与人之间就会充满爱，人类社会就会和谐统一、和睦共处。

人类的最终命运是什么呢？泰戈尔认为，人类必须通过各种途径转化自己的人性，使自己的肉体性质转化为精神性质，使自己潜在的“真善美”“和谐统一”的本性充分显现出来，从而使人类之间相亲相爱、幸福欢乐，使社会生活和谐统一、完美无缺。这就是人类奋斗的目标，也是人类的最终命运。

如何实现人类的最终命运呢？换句话说，如何来转化人性呢？

古代吠檀多哲学家一般认为，肉体的欲望和行为是引起痛苦的根源，也是遮盖人内在精神本性的罪魁祸首。因此，他们主张，必须通过各种瑜伽修行，消除各种自私的欲望和行为，人才可以证悟到自己内在的“我”，使自己的精神本性充分显现出来，从而达到精神的解脱。泰戈尔坚决反对这种观点，认为这种断灭人的思想和行为的做法只能导致人们脱离生活、逃遁现实，走上悲观厌世、蔑视人生的道路。因此，他主张，必须在现实生活中，通过人们的行动和工作，去转化肉体表面的自私性，去揭示内在的“自我”，使其真善美的精神本性充分发挥出来，使人与人之间充满爱，最终实现人类社会的和谐统一。

第五节　乐观的人生态度

在对待人生方面，泰戈尔反对传统宗教的那种悲观消极的人生观，表现出一种热爱生活、热爱生命、积极入世、乐观向上的人生态度。

他认为，人的生活充满欢乐，生活本身就意味着欢乐，只有充分体会到生活欢乐的人，才不会谈论人生的悲哀，才能竭尽全力地坚持自己的生命，在生活和工作中以乐观的态度表现自己，如同一位凯旋的英雄昂首阔步地在生活的大道上前行。他指出：生命的欢乐，工作的欢乐，对人来说，就是绝对真理。

他还进一步阐述道，人类生命的欢乐在于运动，运动则意味着人体要与自然界进行内外交流。为了生活，身体必须与外界的阳光和空气保持多种关

系，这不仅能获得生命力，而且也表现出生命力。另外，生命的欢乐还在于创造性的工作。人在工作和劳动中，不仅可以创造出新的事物，而且还可以释放出他内在的美、内在的善和内在的才华，并从中享受到极大的欢乐。

在泰戈尔看来，一个人要使自己表面的自私性转化为真善美的本性，要使肉体性质转化为精神性，不需要脱离现实社会，而是在日常的生活中，不断地磨炼自己，克服自私欲望，培养为他人服务的精神，从而来证悟自己内在的“神性”或“无限自我”。具体地说，他提出了以下 3 个途径。

一是在行动中证悟。泰戈尔把人们日常的工作和劳动看作是克服私欲，培养为他人服务的精神，证悟内在“无限自我”的重要途径，他把这种途径称为“在行动中证悟”。

二是在爱中证悟。泰戈尔从一个人道主义者的角度出发，强调人与人之间的真正关系应当是爱，作为一个人必须培养博爱的精神，在爱他人，在同情、帮助他人的过程中，去证悟自己内在的“神性”。

三是在美的感受中证悟。泰戈尔还从一个诗人或艺术家的视角，强调在大自然中、在人们的生活中充满着美，美是无处不在的。一个人必须在生活中去体验美、感受美，通过对美的感受来体悟自己内在的“无限者”。

在泰戈尔看来，对于一个人来说，无论“在行动中”“在爱中”，还是“在美的感受中”去证悟内在的“神性”，都不是一件容易的事情。这里有一个自我牺牲的过程，最初的自我牺牲往往是痛苦的、勉强的，这个时候必须坚持下去，一旦这一过程变成习惯时，它就能变成工作和行为的动力，变成爱和欢乐的源泉。

第六节　“人的宗教”

为了实现自己的人生理想，泰戈尔提倡在人类社会中建立一种新型宗教，名曰“人的宗教”。

泰戈尔反对禁欲主义的宗教。他认为，宗教不是遁世，而是生活和存在。

宗教应当使人体验到人与大自然的亲缘关系，培养出一种普遍之爱的感情。如果人离开了这个世界，离开了生活，普遍之爱的感情怎么能培养出来呢？因此，泰戈尔极力想创立一种新的宗教。他把这种新宗教称为“人的宗教”。

泰戈尔所谓的“人的宗教”，简单地说，就是人们通过日常的工作和劳动，不断地克服自私意识，证悟自己内在的“神性”或“无限自我”，充分地显现自己“真善美”的本性，在与世界的交往中表现出“普遍之爱”的伟大情感。这种宗教，用我们现代的话讲，就是“转化人性”的宗教。

“人的宗教”不同于以往任何“制度化的宗教”，它的基本特点有以下3个。

一是这种宗教的信仰对象不是任何神灵或偶像，而是一种抽象的精神，即泰戈尔所设想的那种人体内部的“神性”或“无限人格”，那种被肉体遮盖起来的“真善美”的本性。只要人在“无私的行动中”“在爱中”证悟到这种本性，他就能与他人、与社会达到和谐和统一。

二是这种宗教没有任何组织形式，没有庙宇，也没有专职的神职人员。它完全是一种自由的信仰，任何人只要追求“梵我同一”的真理，就可以实践它。

三是这种宗教不举行任何祭祀仪式，也没有什么清规戒律。它只需要其信仰者，认真地通过自己的无私行动，来证悟自身内在的“神性”和“无限者”就行了。

从以上特点可以看出，泰戈尔所谓的“人的宗教”实际上并不是什么一般意义上的宗教，而只是一种实践方法，一种为了实现其人生理想的实践方法而已。

综上所述，泰戈尔“普遍和谐”的哲学思想不仅充满着热爱生活、热爱大自然的伟大情怀，而且也蕴涵着崇高的人类理想以及“普遍之爱”的人道主义精神。这些精神曾经鼓舞印度人民为民族独立和祖国的解放而奋斗，也将永远激励后人为争取美好的未来而努力。

第七章　尼赫鲁的三大建国方略

贾瓦哈拉尔·尼赫鲁（Jawahalal Nehru，1889 年—1964 年）是印度民族解放运动中著名的领袖，印度共和国第一任总理。他生于北方邦阿拉哈巴德市一个声名显赫的家族。其先辈曾在莫卧儿王朝任高官，父亲是国大党元老，担任过高级律师。他 15 岁赴英国留学，曾在伦敦贵族学校哈罗公学读中学，后考入剑桥大学。他大学毕业后，入伦敦内殿法学会，攻读法律两年，获得律师资格证书。1905 年回国，先在阿拉哈巴德高级法院任律师，后投身于民族独立运动。30 岁时当选国大党主席，此后成为民族运动的主要领导人。在长期的斗争生涯中，曾 9 次被捕，在监狱铁窗中度过了近十个春秋。印度独立后，他担任第一届政府总理，连任 17 年。建国初期，他领导的政府实施了一系列新的建国方针和政策，这些方针政策大大促进了印度的经济发展、国家统一和社会进步。

尼赫鲁的世俗主义、民主主义和社会主义学说，被人称为他的“三大建国方略”。这三种学说相辅相成、融会贯通，是其政治哲学的核心，也是他制定各种治国方针的指导思想和理论基础。这些思想对印度独立后的政治、经济和社会发展产生了深远的影响。

第一节　尼赫鲁的世俗主义

自古以来，印度就是一个多民族、多宗教的社会。由于历史原因，印度各宗教之间一直存在着矛盾、猜疑，甚至仇恨。特别是在英国统治时期，殖民当局为了分化瓦解印度民族运动，故意采取“分而治之”政策，挑拨广大印度教教徒和穆斯林的关系，致使这两大教派矛盾重重、冲突不断。1947 年，根据英国人精心策划的“蒙巴顿方案”，按照宗教信仰，印度被分裂为两个国家，即所谓的“印巴分治”。就是在印巴分治的前后，印度教教徒与穆斯林之间爆发了一场空前规模的大仇杀，这种宗教仇杀给以后印度社会的发展埋下了严重的隐患。

尼赫鲁作为民族运动的领袖，深深体会到宗教冲突给社会带来的巨大危害。印度独立后，他抵制印度教试图建立“印度教国家”的思潮，坚决主张建立一个世俗主义的政府，反对建立政教合一的国家。他领导印度政府制定了各种世俗主义的方针和政策，并且发表文章和讲演阐述他对宗教与政治、教派组织与政府、各教派之间关系等问题的看法。这些政策和主张，正是他世俗主义思想的具体体现。其主要内容包括以下几个方面。

一、印度必须建立一个“世俗的国家”

印度独立后，身为总理的尼赫鲁，首先考虑的问题就是，印度将建成什么样的国家，是神权的国家还是世俗的国家？1948 年，他在阿里加穆斯林大学发表讲演时明确指出，“印度必须沿着世俗的和民族的路线前进”。1949 年 11 月 26 日，在他的领导下，印度制宪会议制定了印度第一部宪法，新宪法郑重宣告“印度是一个世俗的国家”。

尼赫鲁指出，印度是一个多种宗教并存的国家，要维护国家的统一和民族的团结，政府就必须公正平等地对待一切宗教，不能把某种宗教定为国教而排斥其他宗教，或者依靠某一教派而轻视其他教派，只有这样才能使各种宗教和睦相处。因此，要实现这个目的，印度必须建立一个政教分离的世俗政府。这个政府超越于各种宗教之上，不受任何教派的干预和影响，它制定的各种方针和政策必须是各种信仰者都能接受的，符合全体民众的利益。对宗教组织来说，他们只能从事宗教事务，不得干涉政府，介入政治。有了这样的政府和政策，印度才能社会稳定、民族团结，从而保证经济的发展和人民生活水平的提高。此外，印度只有建立一个世俗的国家，才能适应现代世界的发展潮流。中世纪的神权国家都是把某种宗教作为最高宗教，而视其他宗教为异端，加以排斥和打击，这种国家体制不符合现代世界的民主潮流，也不符合现代印度的国情。

二、宗教信仰自由，各宗教一律平等

尼赫鲁指出，印度所建立的世俗国家，并不是不允许各种宗教的存在和发展，而是保证一切宗教都能自由发展，甚至保证不信仰宗教者，即无神论者的自由。在处理宗教事务中，世俗国家保持中立的态度，决不偏袒某一宗教而打击其他信仰，也不允许某种宗教凌驾于其他宗教之上。他把一切宗教都放在“正常的政治和社会生活水平上”，一视同仁，公平、平等地对待。尼赫鲁反复讲：我们将建立一个自由的、世俗的国家。在这个国家中，任何宗教和信仰都享有充分的自由，受到同样的尊重。

三、不给任何教团以特权，保护落后的少数集团

多数派宗教与少数派宗教之间的矛盾在印度一直是很尖锐的。印度独立后，某些少数派宗教，如穆斯林和锡克教的社团都提出一些特殊的要求，以保护自身的政治或经济利益。对于宗教少数派及其特权问题，尼赫鲁始终站在世俗主义的立场上加以处理，以促进国家的安定团结。他认为，印度全体人民都应当受到保护，并且有权获得社会、经济和政治上的公正地位和机遇上的平等，拥有思想、语言、信念、信仰、崇拜、择业、结社和行为的自由，只要这些行为服从法律和公共道德。由于尼赫鲁坚持每一个印度公民和社会团体都应当从国家那里得到同样的保护和权利，因此他不主张给予任何少数派教团以特权。在他看来，要求特权的观念，对于少数派教团来说是十分危险的。因为这种特殊的保护和权利，会导致这些集团对外来帮助的依赖，削弱他们的自力更生的精神和能力。这些特权也会使他们脱离其他集团和全体公民，从而产生超

俗离群的孤立感。另外，给予少数集团特权，还会引起其他集团对政府的猜疑和不信任，影响国家的安定团结。

虽然尼赫鲁不主张给予任何教团特权，但是他主张给予那些在经济和文化上发展滞后的少数民族或社会集团特殊的待遇和保护。他认为，印度有一些少数民族和边远山区的部落人民在经济和文化上都是十分落后的，他们的落后是由于各种历史原因造成的，是长期缺乏机遇和被其他集团压制的结果。在现代世界上，任何真正的社会进步都必须由社会的各个集团共同参与，并肩前进，否则落后的民族就会阻碍其他民族的进步。因而，他赞成对那些经济和文化都非常落后的少数民族提供特殊的照顾和关怀。

四、消除种姓差异，主张社会平等

尼赫鲁世俗主义的核心，是要消除以宗教、民族和种姓为基础的一切差别，实现真正的社会平等。他认为，印度教内部施行的种姓制度与教派主义是同样危险的。倘若这种制度继续存在下去，它就会成为阻碍社会民主和平等的障碍，从而成为破坏世俗国家的基础。因此，他主张消除种姓差别和歧视，对低级种姓和贱民给予特殊的照顾，实现种姓之间的平等。

种姓制度是印度教肌体中的痼疾，尼赫鲁对它进行了深刻的批判。他揭露了种姓制度的种种弊病。首先，这种制度“鼓励分裂，使社会处于四分五裂的状态中”。其次，它“导致某些社会集团被压抑”，使大批人的品格降低，使他们没有机会在教育、文化和经济上摆脱贫穷落后的面貌。另外，种姓制度体现了“贵族思想”，这显然与民主和平等观念是背道而驰的。因此，他指出：种姓制度可能是我们国家中最危险、最具有隐患的事情，它削弱了我们的民族和社会，它是印度衰败和落后的主要原因。印度独立以后，为了消除种姓差别，尼赫鲁政府明确宣布废除贱民制，并且采取许多措施保护低种姓和贱民的合法权益，提高他们的生活水平。

五、印度必须在思想和感情上达到统一

尼赫鲁世俗主义的出发点，是维护国家的统一和民族的团结。他在许多

场合都反复强调“印度今天最根本的问题就是要保护国家的统一”。他深知印度是一个多民族的国度：一方面，各民族之间具有共同的文化、经历和目标，一种感情上的强大纽带把他们联系在一起。另一方面，也确实存在着某些分离主义或分裂主义势力，这些势力一遇到风吹草动，就会兴风作浪。这些分裂主义势力主要来自教派主义、种姓主义和地方自治主义。印度要实现真正的统一，就必须克服各种分裂主义的倾向，达到思想和感情上的结合。1955 年，他在喀拉拉邦的一次讲演中说：无论走到什么地方，我强调的都是印度的统一，这种统一不仅是我们已经获得的政治统一，而且是某种更深远的东西——感情上的统一、思想和心灵上的统一。

为了实现各民族在感情上的统一，尼赫鲁极力提倡一种“宽容精神”。他认为，印度自古就有一种伟大的宽容精神。所谓“宽容”，意味着能容忍别人的观点，不仅容忍与自己相同的观点，而且容忍与自己不同的观点。“宽容”取决于对他人的了解，只要了解了对方的生活和思想，就可以产生对对方行为的理解、同情和尊重。“宽容”是一种心理状态，只要具备这种宽容心理，就能排除一切狭隘的教派偏见和仇恨，也能够消除各种姓之间和各地方之间的思想障碍。尼赫鲁把“宽容精神”看作是印度传统文化最主要的特征之一。他认为，在今天的社会中尤其应当提倡这种精神，只有依靠这种精神，才能使各民族人民在心灵和感情上达到统一，才能实现真正的社会进步。

尼赫鲁的世俗主义学说不仅是他领导的印度政府，而且也是后来历届政府处理宗教、民族和其他社会问题的指导方针和理论基础。历史事实已经证明，这种学说在很大程度上影响了独立后印度政治、社会和宗教制度的形成和发展，甚至影响到印度的各种法律法规、道德观念、风俗习惯和日常生活的变化。在评价尼赫鲁时，一些历史学家认为：尼赫鲁最伟大的成就之一，就是他建立了一个世俗主义的国家。

第二节　尼赫鲁的民主主义

尼赫鲁的民主学说也是其治国方针的理论基础。在英国留学期间，他就受到西方人道主义、议会民主和各种政治学说的影响。在民族独立运动过程中，他一直把在印度建立一个自由民主的社会作为自己奋斗的目标。独立以后，在他的领导下，印度政府制定了新宪法，规定了公民的合法权利，并实行议会民主、多党制和成人普选制等一系列制度，以确保社会的民主与平等。虽然尼赫鲁深受西方民主思想的影响，但是他并不是照抄西方的模式，而是根据印度的国情对民主概念做出新的阐释，创造出一套具有印度特色的民主观点。他从以下 4 个方面阐述了民主概念。

一、民主是实现个人的自由与发展

尼赫鲁从实现个人的价值方面论述民主。他一向对个人的自由和发展给予极高的重视。他认为，一个民主的国家必须建立一种良好的社会结构，以保障个人的自由发展并促进其人生价值的实现。1946 年 12 月 13 日，尼赫鲁在印度制宪会议的第一次会议上提出了著名的“目标决议”，这个决议确定了印度宪法的基本方向和目标。他在这个决议中强调指出，印度将成为“主权的共和国”，这个“共和国”将保证全体人民在思想、言论、信仰、崇拜、结社、集会和游行等方面的自由。

尼赫鲁虽然强调个人的自由发展，但是他所说的自由并不是无限制的自由或绝对自由。他认为，在一个民主社会里个人的自由并不是无限的，这种自由要受到某种限制，以使它不会干扰其他人的自由。一个人的自由要和其他人的自由，甚至和整个社会生活相互协调、相互平衡，只有这样，社会才会是和谐统一的。另外，他还提出只有通过法律的手段，才能保证个人的自由与社会相和谐。个人的自由需要法律的保护，但是个人的自由也必须限制在法律允许的范围之内；一旦个人的自由超出了法律的范围，那他就要受到法律的制裁。法律应制止那些极端利己主义者的行为，以维护社会的正常秩序。

二、政治的自由平等是民主的基础

尼赫鲁从政治的角度论述民主。他认为，政治的自由和平等是人民最基本的权利。政治的自由和平等是基础，其他的平等都是建立在政治平等之上的。他着重从民众主权、成人选举权、负责任的政党等方面阐述他的政治民主思想。

民众主权。尼赫鲁强调人民的主权在民主社会中的作用，在一个民主社会中国家的权力是属于人民的，国家和政府使用权力的最终目的是为实现人民的意志和利益。他指出：“我们所承认的唯一的最终权威和最高的权力就是人民的意志，最终起作用的唯一的事情是人民的利益。”在他看来，表达印度人民愿望的最重要的途径，就是通过制宪会议来制定一部体现人民意志和权利的新宪法。首先，通过民众选举的办法选举出制宪会议的代表；然后，必须组织好制宪会议，最大限度地代表民众，制定出一部体现人民意志的宪法。通过制宪会议制订新宪法，就是通过民主的方式解决印度政治和社会问题的唯一途径。

民众的主权还表现在人民有权对政府的行为进行监督，人民的这种权力只能通过他们选举出的代表来表达。按照印度新宪法的规定：国会的议员是人民选举出来的，国会有权修改宪法并有权监督政府。政府的一切重大政策一定要得到国会的批准，政府各部部长有责任就重大问题向国会报告，并回答议员的质询。国会有权通过对政府的不信任案，迫使不负责任的政府辞职。在一个民主的社会中，政府必须按照人民的意愿行事；如果政府不能反映人民的意志，人民则有权改换政府。

成人选举权。尼赫鲁主张，选举是民主政治程序中重要而不可或缺的一部分，是不能舍弃的。人民参政的权利只有靠选举来体现，通过选举不仅可以反映出全体选民对国家重大事务的观点，也可以使选民选出他们信任的代表。政治的民主就是建立在人民对国家大事、对选举代表的浓厚兴趣之上的。他深知选举也有弊病，并不是每一次选举人们都能成功地选出反映自己意愿的代表。克服选举弊病的一个重要方法，就是扩大选举人的范围，采取成人选举制。所谓“成人选举制”，是指所有成年人，不分男女，不受任何财产资格和教育程度的限制，一律都具有选举权。绝不能因为财产少和教育程度低，而剥夺一些人的选举权。

负责任的政党 。他认为，在民主政治中政党的作用是不能忽视的。一个组织良好、对人民负责任的政党，无论对于政府，还是对于选民，都是不可缺少的。因为民选的政府都是通过政党来组织、通过政党来行使权力的，所以一个对人民负责任的政党对于组织好政府、管理好国家是十分必要的。各个政党在竞选之中把自己的纲领公布于众，并且宣传自己纲领的优点以及其他政党纲领的不足，这样就可以帮助选民做出自己的选择，并促使他们监督各政党施行纲领。此外，他还认为一个社会中有各种不同的观点和意志，这些观点和意志只能通过多个政党才能充分表达出来。因而他赞成多党制，认为当一个政党执政时，其他政党进行监督是完全必要的。

三、民主包含着经济与社会的平等

尼赫鲁亦从经济和社会的角度论述民主。他指出，要实现真正的民主，光有政治上的自由平等，还是远远不够的。如果一个人没有经济上的平等权，那么这种政治平等也会伴随着投票的结果而化为零。经济的平等与政治的平等是同样重要的，没有经济上的平等，政治上的自由平等就毫无意义。他说，真正的自由不仅仅是政治的，而且必须是经济的和精神上的。只有到那个时候，人才能够发展并实现自己的尊严。

他还谈到社会平等的重要性。人的平等权利包含生活的各个方面——政治的平等、经济的平等、社会的平等和文化的平等。尼赫鲁强调，社会的平等是非常重要的。他追求的“社会平等”，就是指“机遇均等”，即每个人不分民族、宗教、种姓和肤色的差别，都能获得充分发展自己的同等机遇。在他看来，印度社会中还存在着许多的社会差别和歧视，如教派之间的歧视、种姓之间的歧视以及对山区部落民族的歧视等，这些社会的不平等严重地阻碍着印度的民主进程 。为了促进印度的社会平等，尼赫鲁领导的政府采取了各种措施，以消除社会差别和歧视，保护低级种姓和落后民族的地位和利益。

四、民主也是公众的自我修养

尼赫鲁还从道德的角度论述民主。他认为民主最终是实现人生价值的一种手段或方法，因此在民主的概念中除了包含个人自由、政治和经济的平等之外，还应当包含广大民众的自我教育和自我修养。他所说的“自我修养”，是指广大民众都必须接受必要的教育，自觉地进行训练和修养，从而提高全社会的道德和精神的水平。在他看来，民主在本质上需要高质量的人，需要自我修养高的人；在一个道德水平不高的社会中，是不可能实现真正的民主的。因此，高尚的道德和精神修养乃是民主社会不可缺少的东西。在意见不统一的情况下，经过讨论以后，少数人的观点应当服从多数人的观点，这就是高尚道德修养的表现。

独立以后，在印度的民主化进程中，尼赫鲁做出了不可磨灭的贡献。他的主要功绩还不是在对民主概念的解释上，而是他能够冲破各种阻力，将民主观念转化成各种法律和政策，贯彻到印度社会的各个领域中。建国初期，印度是一个经济和文化上都十分落后的国家，各种封建残余、宗教仇恨、种姓歧视、社会偏见严重地阻碍着印度的民主化进程。在这种情况下，尼赫鲁能够克服各种艰难、排除一切责难和阻力，在印度推行和贯彻他的民主思想，并在印度初步建立起民主的制度。这种民主制度对以后历届政府的方针政策和印度社会的发展都产生了重要的影响。

第三节　尼赫鲁的社会主义

早在民族独立运动时期，尼赫鲁就开始宣传社会主义思想。印度独立后，他为了发展生产和提高人民生活水平，在经济和社会改革方面实行了许多类似社会主义的方针和政策。1955 年，他郑重提出了在印度建设“社会主义类型社会”的理论。这个理论是尼赫鲁社会主义思想最集中的体现。所谓“社会主义类型社会”，不同于一般的社会主义，是一种颇具印度特色的理论。实际上，这种理论是尼赫鲁将他理解的社会主义与西方资本主义的某些东西以及甘地的非暴力主义相结合的产物。其主要内容包括以下几个方面。

一、实行“混合经济”——公营经济和私营经济并举

尼赫鲁懂得，要建立一个公正平等的社会，就必须发展生产力和不断地扩大社会财富。只有在生产力发达和社会财富丰富的基础上，才能确保人人都有同等的机遇并过上美好的生活。因此，他根据印度的国情，把实行“混合经济”的政策作为发展印度经济和社会生产力的基本战略方针。

独立初期，印度政府从英国殖民者手中接受了铁路、邮电、港口和军火等企业，这是印度最早的公营经济。当时，尼赫鲁政府曾打算用高额补偿金的办法将一些私人大企业收归国有，以组成一定规模的公营经济。对此，一些私人企业家反应强烈，他们放慢或停止了投资，从而导致生产下降。政府马上向这些企业家说明国家并没有制订国有化的计划，以制止私营企业生产下降的趋势。在这种情况下，政府制定出第一个工业政策，在这个政策中明确地提出了公营与私营经济并举的“混合经济”方针。所谓“混合经济”的方针，就是允许公、私营两种经济共同存在于一个社会中，让它们有各自经营的范围，在发展国民经济中发挥各自的作用。

在公营经济和私营经济之间的关系上，尼赫鲁指出，政府只有通过公营企业，才能宏观控制经济的发展，以防止经济上的无政府状态，并且保证社会财富的公平分配。在发展公营企业的同时，绝不应当忽视私营企业的作用，私营企业是对公营企业的一种补充，也将在国民经济中发挥重要的作用。只有调动公营企业和私营企业的积极性，才能真正加速经济的发展和生产力的提高。

二、制订经济计划，协调各方面发展

制订经济计划，以协调和促进经济发展，这是尼赫鲁一贯的思想。1950年，在他的建议下，政府成立了计划委员会，他亲自担任该委员会的主席。为了促进经济的发展，1951年印度政府制订并实施了第一个五年计划（1951

年—1956 年），此后又制订了第二和第三个五年计划。

尼赫鲁认为，首先，当一个国家或政府确定了经济发展目标以后，就必须制订一个计划加以实施；假如没有一个适当的计划，它的发展目标则很难实现。其次，计划的本质是调节各方面的工作，使之协调发展。一个政府只有通过制订经济计划，才能从宏观上控制经济的发展，检查和协调各个领域和各个部门的工作，使国民经济平衡、持续地发展，以防止经济上的无政府状态。再次，只有通过制订计划，政府才能合理地开发和利用自然资源，避免浪费；只有通过制订计划，才能保证财富的公正分配，提高人民的生活水平；等等。

三、公平分配财富，保证社会平等

尼赫鲁深知，印度是一个贫穷落后的国家，而且存在着严重的社会差别和不平等。经过多年的实践和探索，他才认识到资本主义不能解决印度的问题，要解决印度的问题只有通过社会主义。因为社会主义主张公有制，主张消除依靠土地和资本的特权集团，所以它才能公平合理地分配社会财富，缩小差别，保障平等。尼赫鲁确信，解决印度问题的唯一办法就是社会主义。除了社会主义，没有其他的道路可以消除印度人民的贫穷、大量失业、落后和被奴役的地位。

1955 年尼赫鲁提出建设“社会主义类型社会”以后，他虽然没能在印度消除私有制，但是他在许多场合都更加强调要给予每一个印度公民平等的机遇，要公平地分配社会财富，消除社会差别，保证社会平等。

四、倡导合作精神，提高民众道德水平

尼赫鲁认为，在“社会主义类型的社会”中不仅要提高人民的物质生活水平，而且要提高人民的精神和道德水准。在他看来，资本主义社会的特点是竞争和唯利是图，在这种社会中人和人之间的关系是尔虞我诈、钩心斗角，人们在精神上缺乏安全感，常常处于紧张状态或某种病态之中。而社会主义不仅要改造资本主义社会的经济和社会结构，而且要改造人们的思想意识和道德观念。因此，在他所倡导的社会主义社会中，人们必须培养一种合作的精神、无

私奉献的精神、为社会服务的精神和仁爱的精神，要用这种合作和无私奉献的精神来取代唯利是图、贪得无厌的思想。只有这样，人们在精神生活上才能真正享受到欢乐和幸福。

五、提倡民主，主张民主与社会主义相结合

当尼赫鲁宣布在印度建设“社会主义类型的社会”以后，他又进一步发展他的社会主义思想，主张“把民主与社会主义相结合起来”，以至于在他临终之前又提出了“民主社会主义”的观念。尼赫鲁指出，今天世界上有各种各样相互对立的政治经济体系，但主要是两种：一种是资本主义，一种是社会主义，这两种体系各有其优缺点。尤其是在他的晚年，他越发认为，社会主义实行的阶级斗争和无产阶级专政的方法，在印度是不适用的。资本主义虽然缺乏经济上的平等，但是它所实行的议会民主制是有价值的，在印度还是可行的。因此，他想把两者的优点结合起来，创造出他自己的理论体系——“民主社会主义”。所谓“民主社会主义”，就是试图把资本主义的议会民主与社会主义的经济平等思想综合起来，融合为一个整体。

六、反对暴力，主张通过和平的手段实现社会主义

由于受甘地思想的影响，尼赫鲁向来不赞同用暴力的手段去进行社会变革。步入晚年，尼赫鲁则更加倾向采用非暴力的手段进行社会变革。他认为用暴力的手段去解决问题，只能造成人与人、团体与团体之间的仇恨和对立，即使问题解决了，也不会产生好的结果。只有通过和平和法律的手段，才能真正解决社会的冲突和矛盾。在实现“社会主义类型社会”的问题上，他反对采用阶级斗争和无产阶级专政的方法，而主张采取和平的、非暴力的、法制的方法。他在许多场合都强调，要通过和平和法制的方法把民主和社会主义结合起来。这也是今天的印度所面临的问题，要做到这一点，不能靠任何强迫或强制的方法，必须赢得人民的赞同和合作。

以上几点是尼赫鲁社会主义学说的基本内容。他所倡导的“社会主义类型社会”和实行的各种社会主义政策，无疑是20世纪中叶印度处于特定历史

条件下的产物。这种社会主义既不同于马克思主义所主张的社会主义，也不同于欧美各国所实行的资本主义，而是一种具有印度特色的社会主义与资本主义的混合物。这种思想对独立后印度社会的发展产生了巨大的影响，而且还将对未来印度的发展产生深远的影响。但是，其也存在明显的不足和问题。

第八章　新吠檀多哲学思潮的兴起

新吠檀多哲学，就是近现代思想家在继承古代吠檀多哲学基本原理的基础上，大量汲取西方哲学和自然科学的营养，对传统吠檀多进行改造和革新，而创立的一种新型哲学。

何谓“吠檀多”？“吠檀多”是梵文 Vedanta 的音译，原义为“吠陀之末（尾）”，是指古代吠陀文献的最后部分——奥义书。换言之，“吠檀多”一词就是指奥义书。奥义书并不是一本书，而是产生于公元前 8 世纪至公元前 2 世纪的一大批探讨宇宙本源、人的本性、人与自然关系、人生最终命运的书籍。大约在公元 1 世纪，印度出现了一个专门以奥义书为研究对象的哲学派别，这个派别称为“吠檀多派”或“吠檀多论”。这个派别虽然出现得比较晚，但是到了 8 世纪，它却超过其他哲学派别，而成为古代印度最有影响力的哲学体系。吠檀多派哲学以商羯罗的“吠檀多不二论”为代表，其内容主要有 3 个方面：一是“梵我同一”说，主张宇宙的本源是“梵”（一种精神实体），人的灵魂是“我”，“我”是“梵”的显现，“梵”与“我”在本质上是同一不二的。二是“世界虚幻论”，认为世界万物是“梵”的一种幻现，是不真实的，人不应当追求这些虚幻之物。三是“瑜伽修行说”，认为人只有通过不断的瑜伽修行，彻底消除私欲，放弃物质追求，达到“梵我合一”的境界，才能获得解脱。实际上，以商羯罗为代表的古代吠檀多哲学，是一种悲观厌世的宗教哲学。

从 8 世纪以后，传统吠檀多哲学在古代印度意识形态中一直占据主导地位，其在印度的地位和影响正如儒家思想（孔孟之道）在中国一样。到了近现代，古代吠檀多哲学仍然束缚着人民的思想，阻碍着社会的进步。因此，一批先进的受过西方教育的印度思想家，为了民族的复兴和对抗西方文化的入侵，便开始改造和革新古代吠檀多哲学。他们首先吸收西方哲学的营养，以及自然科学和人道主义的思想内容，对古代吠檀多的悲观厌世论进行了彻底的批判，对吠檀多的基本原理——“梵我同一”学说进行了重新解释，并在人生命运等方面进行了大胆的创新，从而产生出许多对印度有深刻影响的新吠檀多学说。

从 19 世纪末一直到今天，新吠檀多哲学家和思想体系不断涌现，从而形成了一个气势恢弘、绵延百余年的新吠檀多哲学思潮。新吠檀多哲学思潮，实质上就是一场思想革命运动。它对打破束缚人民思想的桎梏、解放印度人民的思想、推动社会进步都起了至关重要的作用。

下面，介绍几位有代表性的新吠檀多哲学家及他们的学说。

第一节　维韦卡南达的“行动吠檀多论”

斯瓦米·维韦卡南达（Swami Vivekànanda，1863 年—1902 年）不仅是印度著名的宗教改革家，而且也是新吠檀多哲学的首倡者和杰出代表。他生于加尔各答一个富裕的家庭，属刹帝利种姓。1884 年，毕业于加尔各答中央学院。在大学读书时，他就对西方哲学产生了浓厚兴趣，阅读过黑格尔、康德、笛卡儿、斯宾塞等人的著作。毕业后，拜罗摩克里希那为宗教导师，决心献身于印度教的改革事业。1893 年，他打破了印度教不许教徒出海远游的教规，赴美国芝加哥参加世界宗教大会。在美国期间，被哈佛大学和哥伦比亚大学聘为东方哲学讲师，在美国各地发表了数十场有关吠檀多哲学和印度宗教的演讲，颇受美国知识界的欢迎。1896 年，他在纽约创立了“吠檀多研究会”，开始向美国传播吠檀多思想。此后，还访问了英国、德国、瑞士等国，并做巡回演讲。归国后，于 1899 年在喜马拉雅山麓建立了“吠檀多不二论书院”，其宗旨是研究和改革传统吠檀多。主要著作有《吠檀多哲学》《业瑜伽》《智瑜伽》和《理性与宗教》等。

维韦卡南达利用西方哲学的观点，对传统吠檀多进行了全新的诠释。首先，他批判了商羯罗的“世界虚幻论”，主张世界万物不是虚幻的，而是梵的真实显现。他认为，世界的最高本体是梵，又称为“宇宙理性”。梵是一种纯粹存在，它没有属性、方位、数量和质量的差异。梵是整个宇宙的基础，世界上的任何现象，无论是自然界、人类社会还是人的思维活动都是它的显现。梵显现（或创造）世界的时候，是以时间、空间和因果关系为媒介的。时间、空间和因果就好像一面镜子，梵借助这面镜子的映射，而显现世界万物。世界是由精神和物质两个方面组成的。他认为，精神世界和物质世界是一种平行的关系，他们都来源于最高本体——梵。

在解释物质世界上，维韦卡南达改变了传统吠檀多的看法，从西方哲学中吸收了许多唯物主义和自然科学的内容，因而提出了不少唯物主义的观点。他认为，世界就是一种不断变化的物质，千差万别的事物皆为物质的表现。没有一种物质是永远不变的，物质永远在不停地凝聚或分散着。他指出，自然界一切事物的变化都是有规律的，并且按照自身的规律而运动。维韦卡南达承认世界是由物质构成的、物质世界的变化是有规律的，这些观点彻底打破了古代吠檀多对物质世界的否定，改变了传统吠檀多的方向，充分彰显了新吠檀多哲学的特点。

维韦卡南达最大的贡献，是他反对传统吠檀多悲观遁世的人生观，充分肯定人生的价值，鼓励人们积极行动，通过自己的努力去实现人生理想。他主张，每一个人都有可能把自己的人性提高到神性，但这必须经过自身艰苦的努力。一个人通过实际行动、多做善事、无私地为社会服务，就可以转化自己的人性，达到精神的解脱。维韦卡南达要求自己的弟子消除私欲、多行善事，号召他们到农村去，帮助穷苦的农民。他指出：一个人只有通过行动，为他人多做善事，才能实现自己的善；只有把其他的人也引导到解脱的道路上，才能实现自己的解脱。维韦卡南达这种肯定人生价值、鼓励人们积极行动、无私奉献的哲学，被称为“行动吠檀多论”。

在对待人生的问题上，维韦卡南达与传统吠檀多有着本质的不同：一是他不贬低人的身体，把人的身体看作“神性居住的庙宇”；二是他主张在人活着的时候就可获得解脱，强调现世生活、积极行动的重要性。然而，传统吠檀多则否定现实生活的意义，主张远离人世、到深山老林中静修冥思，以求精神之解脱。19 世纪末，当印度还盛行传统吠檀多悲观厌世哲学的时候，维韦卡南达首先倡导一种肯定人生价值的“行动吠檀多”哲学，显然具有巨大的进步意义。

第二节　奥罗宾多的“整体吠檀多论”

奥罗宾多·高士（Aurobindo Ghose，1872 年—1950 年）也是一位著名的新吠檀多哲学家。他的父亲是有名的牙科医生，崇拜西方文化，力主子女接受西方教育。奥罗宾多 7 岁时，就跟随兄长，赴英留学，在英国学习 14 年，21 岁才回到祖国。归国后，积极参加国大党的活动，很快成为国大党激进派的领袖。在 1905 年—1908 年印度第一次民族独立运动高潮时，他积极领导孟加拉地区的反英斗争。从 1910 年起，他脱离了政治斗争，开始隐居于印度东南海滨的法属领地——本地治里，潜心进行哲学创作和瑜伽修行，并创立了奥罗宾多修道院，培养大批弟子学习和实践他的哲学和人生理想。其主要著作有《神圣人生论》《社会进化论》《人类统一的理想》和《整体瑜伽论》等。

奥罗宾多的吠檀多学说，被人称为“整体吠檀多论”（Integral Vedanta）。所谓“整体吠檀多”，可以从两方面来理解：其一，“整体”包含“综合”的含义，即把不同哲学派别的观点综合融汇于一个整体之中。他把吠檀多各种不同的学说综合起来，消除其分歧和差异，将它们的精华融汇在一个体系中。其二，“整体”亦包含“调和”的含义，即把各种对立的概念和观点调和在一个统一体中。他利用“精神进化”的方式把各种对立的观念，如梵与世界、精神与物质、一与多、明与无明、善与恶等，都调和统一起来，使它们成为同一个最高本体的不同方面或不同的等级。

奥罗宾多认为，宇宙的最高本体是一种纯粹的、永恒的精神实体，称为“梵”或“宇宙精神”。他把宇宙的一切现象都看作是“梵”的显现形式，即“宇宙精神”的显现形式。进而，他又把这种“宇宙精神”按其高低顺序，划分为五个等级或层次——“梵”“超心思”“心思”“生命”和“物质”。“物质”被视为“宇宙精神”的最低级层次。“物质”，是指无机界，即一切无生命现象，如金属、矿物等。“生命”，指一切生命现象，如动物、植物等。“心思”，指人的心理和思维活动，即代表有思维能力的人。前三者——“物质”“生命”和“心思”，又称为现象界。“超心思”，是指一种超越人心思的高级意识，它位于现象界和“梵”之间，起着联系现象界与“梵”的媒介作用。“梵”，是宇宙的最高本体，也是“宇宙精神”的最高层次。

奥罗宾多设计了一个宇宙演化的模式。这个模式包括两个过程：首先是“梵”以“超心思”为媒介下降到现象界，然后是现象界万物通过“超心思”再上升或进化到“梵”。下降过程，又称“退化过程”，是按照顺序一级一级地下降。“梵”通过“超心思”下降到“心思”，由“心思”下降到“生命”，再由“生命”下降到“物质”。这一过程是梵自我否定、自我退化，即由纯精神状态转化为自然界万物的过程。在自然界中，“梵”披上了自己所显现的各种具体外衣，成为有外壳包裹着的“潜在精神”。这种“潜在精神”稳居于万物之中，有恢复自身本来面目的要求，故推动万物向精神的最高等级——“梵”进化。上升的过程，又称进化的过程。它始于“物质”，从“物质”进化到“生命”，从“生命”进化到“心思”，再从“心思”进化到“超心思”，最后经过“超心思”的媒介作用，达到“梵”的最高境界。通过这种“上升”和“下降”的过程，奥罗宾多便把现象界与超然世界联系起来，统一于一个进化的体系之中。

其实，奥罗宾多把整个世界的变化都看作是“宇宙精神”（即梵）自我退化和自我进化的过程，也就是从纯精神转化为物质，再由物质转化为纯精神的过程。世界的演化构成了一个圆圈，梵既是演化的起点，又是演化的终点。由此我们发现，奥罗宾多的哲学与黑格尔的哲学颇有相似之处。在黑格尔那里，

“绝对精神”从纯概念形式“外在化”或“异化”为自然界。在自然界中，“绝对精神”披上自己所建立起来的各种物质外衣，成为有外壳包裹着的思想和概念。它隐藏于自然万物的背后，操纵着自然现象的变化和发展。在奥罗宾多这里，“宇宙精神”（梵）下降到自然界。“宇宙精神”也披上了自己所显现的物质、生命和心思的外衣，成为有外壳包裹的“潜在精神”。它隐藏于自然万物之中，推动和主宰着万物的发展和变化。无论是黑格尔的“异化”，还是奥罗宾多的“退化”，都是纯精神创作世界的过程，皆为客观唯心主义哲学的观点。

奥罗宾多哲学的最大特点，是在继承传统吠檀多基本原理的同时，大量吸收西方哲学和自然科学的内容，将吠檀多唯心论与唯物论、宗教与科学、超世论与入世论调和起来，融合成一个整体，创造出一个新的吠檀多体系。

奥罗宾多创立“整体吠檀多”的目的，是为人类的精神进化提供理论依据，最终为人类寻找到一条摆脱苦难、获得无限自由和幸福的道路。在他看来，当地球上出现了人类之后，宇宙的进化过程并没有就此停止，“心思的人”还必须向“超心思的人”进化。“具有心思意识的人”如何向“具有超心思意识的人”进化，正是“精神进化说”所要研究的主要课题。为了实现人类的精神进化，他又提出了“整体瑜伽”的理论。

奥罗宾多认为，传统的瑜伽虽然有许多种，但是都有缺陷，它们只强调训练身体的一个方面，而忽视了其他的方面。例如，诃特瑜伽只注重身体的修炼，王瑜伽重在抑制人的心理活动，智瑜伽强调增长知识的重要性，业瑜伽强调无私行为的重要性，信瑜伽则强调对神的虔诚态度和感情的重要性。尽管各种瑜伽在方法上有所侧重，但是它们所追求的目标和结果是一致的，都是为了实现人的内在精神与梵的结合，达到精神之解脱。因此，奥罗宾多主张，把各种瑜伽综合起来，吸收每一种瑜伽的精华，创造一种新型瑜伽，即“整体瑜伽”。他的整体瑜伽，是以实现人的精神进化为原则的，具体地说，就是通过各种瑜伽修持，唤醒人内在的灵魂或精神本性，充分发挥精神本性的作用，使人的身体、生命和心思逐步精神化，最终实现人的整体转化，成为具有“超心思意识”的超人。在他看来，经过坚持不懈的瑜伽修炼，“具有心思意识的人”就可以成为“具有超心思意识的人”。当人人都成为“具有超心思意识的人”的时候，人与人之间、团体与团体之间就会相互和谐、相互尊重、和睦相处，整个社会就会成为一个“神圣的大家庭”，人类就可以彻底摆脱苦难，获得永恒的幸福与欢乐。

奥罗宾多的哲学不仅在印度，而且在欧美各国都有广泛的影响。今天，他创立的奥罗宾多修道院作为实现其理想的试验基地，正在接纳和培训着无数来自世界各地的追求精神转化的人。

第三节　薄泰恰里耶的“吠檀多认识论”

薄泰恰里耶（Krishnachandra Bhattacharya，1875 年—1949 年）是属于新吠檀多思潮中学院派的代表人物。1891 年考入孟加拉省立学院，毕业后，终生从事哲学教育和研究工作。1930 年担任胡格利学院院长，后任阿马尔内尔的印度哲学研究所所长。1935 年—1937 年，荣获印度哲学教授最高头衔——加尔各答大学哲学系“英王乔治五世讲座教授”。主要著作有《哲学研究》《吠檀多主义》和《自由的主体》等。

薄泰恰里耶对印度古代哲学进行了深入的研究，特别是吠檀多不二论、数论、瑜伽论和耆那教的哲学；此外也通晓德国古典哲学，尤其是康德和黑格尔的思想。所以，他的哲学就是在继承吠檀多不二论的基础上，批判性地吸收康德哲学中的认识论内容而形成的一种新型吠檀多理论——“吠檀多认识论”。

在他的哲学体系中，宇宙最高本体被看作是一种超越人的一切经验和理性思维的无法言表的纯精神实体，叫作“绝对”或“梵”。“绝对”是一种超越主客观差别的实在，证悟这种“绝对”则是其哲学的最终目的。薄泰恰里耶哲学的精华，在于对认识论的研究。在他看来，康德哲学的一个重要错误，就是宣布最高本体“绝对”是不可知的。而他主张“绝对”是可知的，因此用什么方式去认识“绝对”，就成了其哲学的重要课题。

如果说辨证思维是黑格尔哲学的核心，那么，否定思维则是薄泰恰里耶哲学的核心。薄泰恰里耶哲学的最终目的是证悟最高本体——“绝对”，他认为只有通过否定的方法才能达到“绝对”。他把否定认识的过程分为 4 个阶段。

在第一阶段中，人的肯定注意力从大量客观事物中收回，而集中于从少量事物中分离出来的一种客观因素。这种客观因素之外的一切事物都被否定、被排斥为非真实的东西。这种阶段的否定，就是排除一切作为幻觉的非客观事物。

在第二阶段中，人的注意力不是只集中于客体，也不是只集中于主体，而是交替于两者之间。当注意力盯住客体时，就否定了主体；当注意力盯住主体时，也就否定了客体；主客体交替地受到注意和否定。

在第三阶段中，注意力同时集中于主体与客体。主客体是以同一系列的两个方面出现的，这两个方面虽然不是模糊的，但没有一个方面能以终极的方面出现。在此阶段中，肯定注意与否定注意之间的区别消失了，主体有时能以客体的形式出现，而客体有时也能以主体的形式出现。

在第四阶段中，注意力在表面上也表现为肯定的态度，但实际上并非指向任何事物——无论是客观的事物，还是主观的事物。否定开始作为第一原则，一切限定都被排除了，“只剩下绝对的否定”。

薄泰恰里耶认为，为了认识到最高本体——“绝对”，必须进行一系列的否定：首先是否定人所感觉到的客体，这种否定导致出现一种不依赖人的感觉经验的纯粹客体；然后再否定这种纯粹客体，导致出现对主体的确信；最终连主体“我”也被否定，导致出现超越主客观差别的“绝对”。只要把否定的过程进行到底，就能证悟到“绝对”。

薄泰恰里耶把传统吠檀多的最高本体——“梵”与西方哲学中的“绝对”等同起来，为了证明这个不可言表的“梵”的存在，他采取否定的思维方式，一层一层地推演，一层一层地否定或排除各种主客观的事物和观念，直至达到超越一切主观性和客观性的、绝对的精神实体——“梵”。他改变了传统吠檀多中“梵不是这，不是这”（“Neti, Neti”）的简单而粗糙的否定模式，而吸纳康德哲学中的认识论方法，以不断推演的否定思维的方式，对“梵”的存在做了详细而精密的论证。这无疑是对吠檀多哲学的一种发展。

薄泰恰里耶的贡献就在于，他在继承古代吠檀多基本原理的基础上，运用西方现代哲学的观点和方法，创造出一种具有印度特色的认识论体系。这种认识论从理论上发展了传统吠檀多的直觉证悟方式，促进了吠檀多哲学的现代化。

第四节　薄伽万·达斯的“关于‘自我’的科学”

薄伽万·达斯（Bhagavan Das，1869 年—1958 年），也是新吠檀多思潮中学院派的杰出代表。1886 年，他毕业于加尔各答大学哲学系，后入贝拿勒斯大学和阿拉哈巴德大学进修，获名誉博士学位。走出校门后，终生从事哲学研究和立法工作。他一生写了大量有关哲学、心理学和社会学的著作，主要有《感情的科学》《内心清净的科学》《社会组织的科学》《神圣世界的科学》和《一切宗教的根本统一》等。

薄伽万·达斯研究了西方自然科学和社会科学的各个领域，认为这些领域都与印度吠檀多论有关。因此，他从现代科学的角度，对传统吠檀多进行了彻底的改造，把西方自然科学的各种学科都吸纳和融入自己的吠檀多中，从而建立起一个包括哲学、心理学、社会学和自然科学在内的庞大思想体系。为了突出自己哲学的科学性，他把自己创立的这个吠檀多体系称为“关于‘自我’的科学”。

在薄伽万·达斯的体系中，吠檀多哲学中的最高本体——梵，被称为“绝对精神”。“绝对精神”在创造或显现世界的过程中，既显现为人的灵魂（即“自我”），又显现为世界万物（“非我”）。因此，他认为“绝对精神”不仅包括主体（“自我”），而且包括客体（“非我”），它是主体、客体、主客体的关系——这三者的统一。薄伽万·达斯反对传统吠檀多中那些把主客体混为一谈或把主客体相互分离的观点，主张主客体处于一种相互否定、相互肯

定的必然联系之中。

所谓“关于‘自我’的科学”，实质上，就是论述“绝对精神”（或梵）的学说，并且把世界上的一切科学都容括于这个体系之中。薄伽万·达斯把这种学说分为3个组成部分：

1. 有关“自我”（精神）的科学，其中又包括3部分：①“绝对自我”(梵)的科学，亦称“形而上学”；②“个体自我”（灵魂）的科学，又称“心理学”；③研究“个体自我”在人体中表现的科学，即生理和心理的科学，亦称“生理—心理学”。

2. 有关“非我”（物质）的科学，主要研究物质世界的各种现象，其中包括物理学、天文学、生物学、地质学等等。

3. 关于“自我”（精神）与“非我”（物质）关系的科学，主要研究各种能量的作用、反作用，以及两者相互联系的因果关系。它主要表现为数学，数学又分为时间数学（如算术）、空间数学（如几何学）、运动数学（如力学）等。

在薄伽万·达斯的体系中，最重要、最有特色的是他的心理学。他对心理学进行了专门的研究，把古代“吠檀多—瑜伽心理学”与西方现代心理学综合起来，建立起自己的心理学体系。他的心理学，又称为“个体自我”的科学。这门科学不仅要研究“个体自我”（灵魂），而且要探索与“个体自我”相联系的人的肉体、生命和心思等等。因此，他把心理学分为3个部分：认识科学、欲望科学和行为科学。

1. 认识科学。他把人的认识分为3种：对当前事实的认识，即感知；对过去事实的认识，即回忆；对未来事实的认识，即预见或期望。认识科学就是人对大量认识材料进行去伪存真的科学，又称“去伪存真的艺术”。

2. 欲望科学。他认为人的欲望有3种表现形式：自我保护、自我增长和自我繁殖。从总体上说，欲望分为两种：一种是引起痛苦的欲望，它会给社会造成仇恨和分裂；另一种是引起欢乐的欲望，它会给社会创造爱、友谊和亲和。因此，所谓“欲望科学”，就是引导人们培养正确的欲望，培养对任何事情都能做出友善反应的崇高品德和能力。

3. 行为科学。他认为，一个人只有在正确欲望的指导下，才能产生正确的行为，所以他把正确的欲望看作是正确行为的动力。因为人只有具备正确的思想，他才能产生爱，他的行为才能是善良仁慈的。薄伽万·达斯指出，要使人们产生正确的行为，光有正确的欲望是不够的，还必须有完善的社会组织和明确的法规来管理和制约人们的行为。因此，他主张，行为科学就是研究通过什么样的社会组织和法规来对人进行管理的科学。

薄伽万·达斯对新吠檀多哲学的贡献在于：一是将传统吠檀多与现代自然科学和社会科学的内容有机地融会起来，构成一个新的思想体系；二是在实现人生理想的道路上，主张建立一个完善的社会组织形式，以使人的义务与权利、个人利益与社会利益相互协调、相互制约、平衡发展，从而实现人类社会的和谐和统一。

第五节　拉达克里希南的“新吠檀多论”

拉达克里希南（Sarvepalli Radhakrishnan，1888 年—1975 年），不仅是著名的政治家和社会活动家，而且是一位新吠檀多哲学的杰出代表。印度独立后，他曾担任印度总统和副总统等职。他生于南印度的马德拉斯，1909 年毕业于马德拉斯基督教学院，后一直从事哲学教育工作。1921 年，获得印度最高教授头衔——加尔各答大学哲学系“英王乔治五世讲座教授”。1925 年，为了促进印度现代哲学的发展，他组织召开了“第一届印度哲学大会”。此后，这个大会每年召开一次，一直延续至今。1949 年，他出任印度驻苏联首任大使；1952 年，当选印度副总统；1962 年，当选印度总统。他一生写了大量哲学著作，主要有《印度哲学》《印度教人生观》《东方与西方宗教》《理想主义人生观》和《东方宗教与西方思想》等。

拉达克里希南一生从事东西方哲学和宗教的比较研究。他从小受印度教教育，青年时又在基督教教会学校接受西方文化的洗礼，这使他既通晓印度文化，又熟知西方思想。他研究过奥义书、薄伽梵歌和梵经等经典，同时也阅读了大量欧洲古代和现代的哲学名著，其中柏拉图、普罗提诺、康德、布拉德莱、柏格森的思想对他的影响极深。因此，他有能力吸收东西方哲学的精华，将两种哲学融合起来，创立出他自己的综合性哲学。从总体上说，他的哲学扎根于印度的吠檀多传统，但也具有一些西方哲学思想和特色。

拉达克里希南哲学的特点，是将吠檀多不二论和西方的绝对唯心论综合融会在一个体系中。他把宇宙本体称为“梵”，有时又称为“绝对”。他像吠檀多论者那样认为“梵”是“唯一”，也像绝对唯心论者那样主张万物皆是“唯一”的必然方面。在他看来，梵是“纯意识、纯自由和无限的可能性”。所谓“纯意识”，是因为梵是一种不可名状的纯粹精神实体，宇宙万物都与它相联系。所谓“纯自由”，是因为梵不受任何事物的限制，能够自由行动。所谓“无限的可能性”，则因为梵蕴藏着取之不尽的潜能，它能创造无穷无尽的事物，而我们所居住的宇宙只是梵所显现的一种可能性。

拉达克里希南强调，梵是超越于万物的有意识的精神实在。在他看来，唯物主义的观点是不能解释宇宙现象的，因为唯物主义的解释是以时间的实在性为基础的，仅仅局限于暂时的现象中，而认识不到超越时间的必要性。另外，这种解释虽然力求揭示自然界的规律，但却忘记了自然秩序不是机械的，是不能用盲目的物质力量来确定的。因此，他承袭吠檀多的传统，把宇宙的根本看作一种有意识的“精神”，这种“精神”以自身为依据，同时也是万物的基础，万物皆为它的显现。如他所说：梵（宇宙精神）显现于一切千差万别的事物中，它显现在石头中，显现在植物中、动物中，也显现在人体之中。

虽然拉达克里希南确定宇宙的终极本性是精神，但是他与古代吠檀多论者不同，对世界、对人生和人的命运却采取一种现实主义的态度。他认为人有两个方面：有限方面和无限方面。有限方面是指人的肉体，无限方面是指人内部的“自我”，即与宇宙本体——梵相同一的“精神”。传统吠檀多论认为，人的肉体具有虚幻性，人要显现或揭示其内在的“精神”本性，就必须完全断灭自身的肉体性质。与此相反，他承认肉体生命的实在性和人生的价值，主张肉体是构成“精神”的一部分，人的内在“精神”并没有割断与肉体生命的联系，否则的话，就破坏了人的生命的整体性。那么，人的精神方面表现在哪里呢？在他看来，人有一种推动自己向上发展并最终超越自身的愿望，这种“自我超越的愿望”就是人的内在精神方面的体现。实际上，他所说的“内在精神”就是指吠檀多哲学中的“我”，这个“我”与至高者——梵是同一不二的。因此，拉达克里希南主张，一个人的“内在精神”（自我）与世界本体——梵是同一的，只要他通过瑜伽修行，证悟到这种“精神”，他就能与周围的人和睦相处，与整个社会达到和谐统一。

在现代印度，拉达克里希南是最有影响的哲学家之一。他运用比较研究的方法，深入探讨印度教传统思想，比较印度文化与西方文化的差异与特点，并且在这个基础上创立了一个新的吠檀多体系。他的体系虽然充满东方宗教哲学的神秘色彩，但也包含着许多西方理性主义、人道主义与现代科学的理念和精神。应当说，拉达克里希南在把印度思想传播到西方、增进印度与西方文化交流等方面都做出了卓越的贡献。

第六节　新吠檀多哲学的特点

从 19 世纪以来，新吠檀多哲学的发展经历了一个很长的过程，在今天的印度意识形态领域中，它已经占有十分重要的地位。它是传统印度哲学走上现代化的主要标志。这种新吠檀多哲学有许多新的特点，其中主要有以下几个方面。

一、变革传统，以适应时代发展

从 19 世纪初开始，印度传统哲学面临着两个方面的挑战：一是面对着充满优越感的西方文化和基督教思想的冲击；二是面对着中世纪印度教神学体系的陈腐、落后和保守。在这种形势下，印度先进的思想家一方面要革新传统印度教思想，使之适应时代的发展；另一方面又要捍卫印度传统文化的基本原理，以抵制和对抗西方文化的冲击。因此，这些思想家们不得不到印度古代文化遗产中寻找自己所需要的思想武器。他们发现古代奥义书和由奥义书而衍生的吠檀多哲学，代表着传统文化的精华，有抵御外来文化的能力。所以，复兴和改革传统吠檀多哲学，就成为当时社会的一种时尚、一种需要。

具体地说，新吠檀多哲学家为了排除印度教神学蒙昧主义所产生的偶像崇拜、烦琐祭仪和各种迷信习俗，用一种全新的方式解释奥义书和传统吠檀多；为了鼓励民众参加社会斗争，他们宣传“行动吠檀多”和乐观的人生哲学；为了对抗西方殖民者的文化侵略，他们把古代精神财富视为民族的骄傲，把复兴古代文化作为表达爱国主义和民族意识的一种重要手段。在这方面，首先是维韦卡南达创立了以革新吠檀多为宗旨的“吠檀多不二论书院”，并发表了大量研究吠檀多思想的著作。随后，奥罗宾多、薄泰恰里耶、薄伽万·达斯等一批哲学家，在继承古代吠檀多基本原理的基础上，创建了自己的新吠檀多体系。这些新吠檀多论者并不是单纯的复古，而是通过托古改制的方式，构建自己的新学说。他们只是从古代文化中寻找借鉴，挖掘自己需要的东西，然后加以改造和创新，而建立适应时代发展的新学说。

二、融会东西方思想

印度古代文化是以封建生产关系和宗教唯心主义为基础的，尽管它作为一颗明珠被印度人民所珍视，但毕竟不是以大工业和先进的科学技术为基础的西方近现代文化的对手。新吠檀多论者们以古代文化为武器对抗西方文化的侵略，显然是力不从心的。他们一开始就意识到这一点，因此十分重视学习和吸收西方的先进思想。从生活经历来看，这批新吠檀多论者几乎都受过西方文化的教育——有的在国内接受英国式的教育，有的赴英留学多年。这为他们学习和吸收西方先进思想提供了客观条件。

融会东西方思想，是新吠檀多哲学的一个重要特征。这里说的东方思想，主要指印度传统吠檀多思想。换言之，融会东西方思想，也就是将印度传统吠檀多与西方现代哲学思想融合为一体。这种融合，表现为两个方面：一是新吠檀多论者运用西方哲学的观点、方法和术语重新诠释和阐述古代吠檀多；二是他们直接汲取西方哲学中的某些学说和内容，使之与传统吠檀多相结合，以构成新的思想体系。在这方面，奥罗宾多、薄泰恰里耶、拉达克里希南等人的学说都很有代表性。例如，奥罗宾多在继承古代吠檀多不二论原理的同时，吸收了达尔文生物进化论的思想，创立独特的“整体吠檀多”或“精神进化论”体系。薄泰恰里耶把康德哲学中的认识论学说与古代吠檀多中“自我证悟”学说综合起来，创立了他自己的吠檀多认识论。拉达克里希南把黑格尔哲学的“绝对精神”与传统吠檀多的“梵”结合起来，创立了他的绝对唯心主义学说。

三、调和宗教与科学

一般认为，科学与宗教是对立的。科学是以理性为基础，通过感性认识和理性分析，探索自然界和人类社会的发展规律；而宗教则是以非理性为基础，崇拜某种超自然的力量或神灵，并且通过神秘的直觉证悟，达到精神的解脱。传统吠檀多属于印度的宗教哲学，它是以论述精神解脱为最高宗旨的。新吠檀多哲学家意识到，要使传统吠檀多跟上时代的发展，符合现代社会的需要，就必须吸收近现代自然科学的知识和成果，力图使这种宗教哲学与自然科学协调起来。

在调和宗教与科学方面，他们采取了各种不同的方式。例如，奥罗宾多用现代物理学中的“力”或“能量”学说，来说明梵是一种具有无限“能量”的创造力量，以此证明梵是符合现代科学原理的。薄伽万·达斯在这方面表现最为突出。他把各种自然科学，如化学、物理学、心理学、生理学、天文学、数学等都容括于自己的哲学中，建立起一个新的吠檀多体系，名曰“关于‘自我’的科学”。所谓“关于‘自我’的科学”，说穿了，只不过是探讨梵（绝对自我）、我（个体自我）与自然界（非我）三者之间关系的古代吠檀多的现代版而已。

四、世俗化倾向不断加强

传统吠檀多是印度教正统哲学流派之一，即典型的宗教哲学体系，它是以阐述如何实现精神解脱为根本宗旨的。尽管各种新吠檀多学说仍然保留着某些传统吠檀多的特征，如强调最高本体是一种超自然的精神实体，强调通过直

觉的方式去证悟人内在的灵魂与宇宙本体的同一性等。但是从总体上说，它们已经明显地摆脱宗教神学的束缚，逐渐向世俗主义转化。这种世俗化的倾向表现在如下几个方面。

在自然观上，新吠檀多论者无一不批判商羯罗所宣扬的“世界虚幻论”，主张物质世界并非虚幻的，而是真实的存在。

在认识论上，他们虽然强调直觉内省在认识最高真理中的作用，但是与古代吠檀多论者不同，他们并不否认感觉经验和理性思维在认识客观世界过程中的重要性，认为自然界的真理只有靠感性和理性认识才能获得。

在人生观方面，他们重视从西方人道主义思想中汲取营养，批判印度教以神为中心、贬低人生价值的神学蒙昧主义，倡导以人为中心、强调“人就是神”的思想；批判印度教的出世论和禁欲主义，提倡世俗教育和世俗生活，重视人生意义，强调积极行动和为社会无私奉献的重要性。

在人生理想方面，他们反对“业报轮回”和“死后解脱”的观念，号召人们相信自己的力量，通过自身的努力，实现现世的解脱，并向往在世界上建立一个统一和谐、充满普遍之爱的理想社会。

总之，新吠檀多哲学代表一种进步的思想潮流，它是对印度教传统文化的改革、发展和创新。这种思潮在促进传统吠檀多走向世俗化、科学化和理性化，以及用平等、博爱的人道主义理念改造宗教文化方面都做出了不可磨灭的贡献。时至今日，新吠檀多哲学仍然活跃在印度的意识形态舞台上，对印度人民产生着深刻的影响。

第九章　印度的多元宗教与神灵崇拜

一跨进印度的国门，你就会发现这是一片神秘而充满灵性的热土。在印度的每个地方，几乎都建有各种各样的神庙，神庙中香火缭绕，朝拜者摩肩接踵。即使没有神庙的地方，道路两旁或商店的橱窗里也矗立着大小不同的神灵偶像，在偶像前有虔信者顶礼膜拜。印度是一个笃信宗教的国度，80% 以上的印度人信仰印度教。印度教教徒信仰多神、推崇偶像崇拜和祭神活动——这些特点使这片赤日炎炎的热土笼罩着强烈的宗教氛围，弥漫着浓重的香火气味。

第一节　印度的人口与现存宗教

印度自古以来就是一个多元文化、多元宗教的国度。现今，在印度仍有 6 大宗教并存，即印度教、佛教、耆那教、锡克教、伊斯兰教和基督教。此外，还有一些小的宗教，如祆教（又称“琐罗亚斯德教”）、巴哈伊教等。印度教（古称“婆罗门教”）产生于公元前 1500 年，佛教和耆那教产生于公元前 6 世纪，锡克教产生于 16 世纪，这 4 种宗教都产生于印度，是印度本土的产物。公元 8 世纪初，伊斯兰教从阿拉伯开始传入印度，逐渐在印度扎下根来，

并且于13—18世纪在印度建立起两个伊斯兰王朝——“德里苏丹”（1206年—1526年）和莫卧儿王朝（1526年至18世纪初）。基督教早在5世纪就有一支传入印度，到了近代随着西方殖民者的入侵和基督教传教士的传播，它在印度也迅速地发展起来。

根据印度相关部门的统计：2017年，印度的总人口已经达到13.39亿人。每年的人口增长率大约为1.76%，按照这样的速度增长，印度的人口很快就要超过中国，而成为世界第一人口大国。

依据历次印度人口普查中各种宗教所占总人口的比例来推算，2017年印度各宗教的人口大致如下：印度教教徒大约为10.8亿人（约占总人口的80.7%）、伊斯兰教徒约为1.9亿人（约占总人口的14.2%）、基督教徒约为2700万人（约占总人口的2%）、锡克教徒约为2540万人（约占总人口的1.9%）、佛教徒约为1000万人（约占总人口的0.8%）、耆那教徒约为540万人（约占总人口的0.4%）。由此看来，现今印度教教徒有10.8亿人，占总人口的80%以上，印度教是印度的第一大宗教，信徒占人口的绝大多数。

印度教是印度的第一大宗教，其前身是古代的婆罗门教。婆罗门教产生于古代的印度河流域，公元前1500年左右出现的《梨俱吠陀》是婆罗门教产生的标志，因此，婆罗门教的发展历史已有3500多年了。概括地说，古代婆罗门教有4个特点：一是多神崇拜。它认为世界上的各种自然现象都具有神性，如天神、太阳神、风神、雷神、河神、火神等。此外，还有许多能控制自然界规律和秩序的大神等。二是盛行偶像崇拜和祭祀之风。婆罗门教的神都是有形的、有偶像的；祭祀神灵的活动不仅种类繁多，而且规模巨大。三是实行种姓制度，即宗教内部的等级制度。它把教徒分为高低四大等级——婆罗门种姓、刹帝利种姓、吠舍种姓和首陀罗种姓。后来，被四大种姓除籍的人，被称为“不可接触者”，即最受歧视、地位最低的“贱民”。这样，就出现了五个等级。按照种姓制度的规定，不同种姓在职业、结婚、社会交往中都享受不同的待遇。四是婆罗门种姓处于至上地位，享有许多特权。这种不平等的种姓制度一直是印度社会的一大弊病，阻碍着社会进步。

现在，为什么把婆罗门教称为“印度教”呢？实际上，“印度教”一词是近代以后才出现的。原来在印度有一个词——“Hindu”，是指居住在印度河流域的居民，并没有宗教信仰的含义。但是，到了近代，英国殖民者来到印度以后，他们开始把“Hindu”与宗教信仰联系在一起，把印度教教徒称为“Hindu”，把他们的宗教信仰称为“Hinduism”（印度教）。从此以后，“Hinduism”流行开来，逐渐被各国学者接受，就出现了现在的“印度教”一词。这样，“印度教”就成了多数印度人信仰的宗教，从而取替了婆罗门教的称呼。

第二节　印度教神灵的特点

印度教是世界上最古老的宗教之一。在漫长的发展过程中，印度教创造了形形色色、数不清的神灵。尽管历次改革运动都反对印度教的“偶像崇拜”和“祭祀万能”现象，但是时至今日，印度教教徒的“偶像崇拜”依然盛行。因此，与其他宗教相比，印度教的神灵有许多独具特色之处。其特点如下：

一、神灵众多

印度教万神殿中有无数的神，其数量之多是其他宗教所望尘莫及的。印度古代先民在“万物有灵”观念的影响下，认为万事万物皆有魂灵，都具神性。因此，在他们眼里，山有山神，河有河神，树有树神，鸟有鸟神，兽有兽神，任何自然物都有神。因此，印度教的神灵众多，也就不奇怪了。归纳起来，印度教的神大致可分为5类。

第一类是印度教崇拜的主要对象，三大主神——梵天、毗湿奴和湿婆，以及他们的各种化身、配偶、子神和守护神等。

第二类是各种人格化的自然之神，如雷电之神因陀罗、风神伐由、风暴神楼陀罗、雨神帕阇尼耶、水神阿帕斯、太阳神苏里耶、火神阿耆尼等。

第三类是各种人格化的动植物之神，如神猴哈奴曼、象头神伽内什、神牛南迪、蛇神那伽、大鹏金翅鸟伽鲁德、酒神苏摩（苏摩是一种能酿酒的植物）等。

第四类是一些被神格化了的祖先、英雄和历史人物，如人类始祖摩奴、主管祭祀之神祈祷主、财神俱毗罗、毗湿奴大神的化身罗摩和黑天等。

第五类是代表生殖力量的神，如性力女神、男性生殖器——林伽、女性生殖器——约尼等。

二、神与神之间的关系，犹如人间家庭

随着神灵的增多，印度教还创造出许许多多的神话故事和传说。这些神话与传说借用类似人间的血缘、亲族、配偶和主仆的关系，把各种神灵编织在一起，构成了一个天界的大家庭。譬如，印度教的三大主神，犹如世间凡人一样，也都恋爱结婚，皆有妻子儿女，还有侍从奴仆等。例如，毗湿奴的妻子为吉祥天女，他的侍从有大鹏金翅鸟伽鲁德、蛇神赛沙等。湿婆的配偶是雪山女神，他们的长子是象头神，次子是六头之神室建陀，湿婆的随身侍从为神牛南迪等。印度教这种神与神的关系，恰恰说明神是人按照自己的形象和意愿创造出来的，神灵之间的关系也是人类社会关系的一种反映。

三、神有多种化身

“化身显现说”，可谓是印度教神灵的一大特色。一个在天界的大神，可以显现为各种不同的化身，下凡于人间，为人类降魔解难。在这方面，最典型的要数毗湿奴大神。据《薄伽梵往世书》记载，毗湿奴有 24 种化身。但是，广为流传的是他的 10 个化身。当人世间出现灾难，毗湿奴为了拯救人类，曾经以灵鱼、神龟、野猪、人狮、侏儒、持斧罗摩、罗摩、黑天、佛陀和迦尔基等 10 种化身，下临凡界，为人类解除灾难。

四、神灵的形象和性格异常复杂，甚至自相矛盾

印度教神灵的复杂程度，是其他宗教所罕见的。往往一个神有许多形象，而且性格各异，甚至自相矛盾。在印度教中，伴随着一个大神，会有无数的神话传说。这些神话传说对这个神的描述，有时是一致的，有时又完全对立、水火不兼容，故令人难以琢磨。例如，湿婆就是一个性格自相矛盾的复合体。他

既是毁灭之神，又是生殖或创造之神；既是男根之神，又是瑜伽之神；既是禁欲苦行之神，又是欢乐的舞蹈之神。在湿婆的形象中，有隐居于喜马拉雅山静修瑜伽的苦行者，有狂跳世界毁灭之舞的舞蹈之王，有男性生殖器——林伽，有半男半女的奇特形象，还有把恐怖、冥思和温柔三种形象融为一体的三面相。

五、生殖崇拜

印度教产生之前，在远古的印度河文明中，达罗毗荼人就有对母神和生殖崇拜的信仰，后来雅利安人继承、吸收了这种信仰，才使印度教的生殖崇拜文化一直保持下来。印度教的生殖崇拜分为两种：

一种是对生殖器的崇拜，如对林伽（男性生殖器）和约尼（女性生殖器）的崇拜。印度教教徒把林伽和约尼视为神，在许多神庙中都供奉着林伽和约尼的神像。林伽的神像一般都用石头雕塑成一根粗大而秃顶的圆柱体，而约尼则用石头雕刻成磨盘状，置于圆柱体的下面。对林伽崇拜最突出的，是印度教的林伽派成员，他们不仅要定期到神庙中朝拜林伽大神，而且在每个人的胸前，无论男女，都佩戴着一个银制的小匣，匣内装有精美的林伽像，让林伽大神随时都陪伴自己，企盼他给自己带来力量和幸福。

另一种生殖崇拜，是对生殖力的崇拜，主要表现在对女神的崇拜上。这种崇拜最典型的代表，是印度教的性力派。他们认为，女性的生殖力是创造宇宙的根本力量，没有女性生殖力，就不会有世界万物。因此，该派格外崇拜女神，在他们的神庙中供奉着各种各样的女神，如迦利、杜尔迦、萨拉斯瓦蒂、拉克希米、帕尔瓦蒂、萨克蒂等女神。

第三节　印度教的多神崇拜

首先要说明，在古代印度，印度教崇拜的有三大主神，梵天大神作为创造之神，列为三大主神之首。但是，大约从 6 世纪笈多王朝衰亡之后，梵天的地位逐渐下降，崇信他的人越来越少。究其原因，是因为传说梵天在创造世界

之后，认为完成了自己的天职，便将自己的女儿作为妻子，犯了逆伦大罪。因此，他在教徒心目中的崇高地位受到极大的影响。现在没有一个教派奉他为主神，他几乎被人们忘却了。

随着时代的变迁，以及历次宗教改革运动都反对偶像崇拜和烦琐祭祀，因此现今印度教的神灵已经发生了很大的变化，并且大量减少。下面，仅介绍今天印度教仍然崇拜的各种神灵。

一、毗湿奴大神

毗湿奴（Vishnu），被奉为“保护之神”，是一位印度教中拥有崇拜者最多的大神。他又被称为“遍入天”， 意思是指“普遍存在的大神”。毗湿奴发展成为大神，也有一个过程。毗湿奴本是太阳神的一个称号，地位一般。到了《梵书》时代，他的地位开始上升，特征也逐渐突出。在史诗和《往世书》的时代，他已经演化成仅次于梵天的第二位大神。

在史诗《摩诃婆罗多》中有一个著名的宇宙起源传说。按照这个传说：毗湿奴在原始的大海中，躺在千头眼镜蛇塞沙的背上，在茫茫的大海上漂浮。当他睡熟时，从他的肚脐眼里长出一枝莲花，从莲花中又生出创造之神梵天。当他醒来时，梵天已把万物创造出来，因此他便承担起保护这个世界的天职。此后，他多次下临凡界，除妖降魔，消灾解难，拯救人类。

在画像中，毗湿奴肤色深蓝，头戴王冠，身穿王服，项佩吉祥宝玉，胸前生一卷毛发，象征其永生不死。他有 4 只手，分别持轮宝、法螺、仙仗和莲花。轮宝象征周围的无限时间，法螺象征无所不在的虚空的声音，仙仗和莲花则代表能够摧毁一切邪恶的力量。一般来说，毗湿奴骑在一只大鹏金翅鸟的背上，在空中巡视。他的妻子为吉祥天女，是象征财富和吉祥的女神。

毗湿奴作为世界的保护神，经常以各种化身的形式降临世间，为民除魔消灾。因此，他有许多化身，其中有 10 个化身最为著名。这 10 个化身是：灵鱼、神龟、野猪、人狮、侏儒、持斧罗摩、罗摩、黑天、佛陀和迦尔基。在这些化身中，罗摩和黑天已被印度教的许多教派奉为主神，备受尊崇。

二、湿婆大神

湿婆（Shiva），又称“大自在天”。湿婆大神的形成有一个逐渐发展的过程。他最初是由吠陀时代的暴风之神——楼陀罗演化而来的。楼陀罗在《梨俱吠陀》的众神中，地位并不高。在《耶柔吠陀》和《阿闼婆吠陀》中，他又被加封上“兽主”的称号。后来，湿婆作为暴风之神与兽主神的混合体，最早出现在《梵书》中，但是他的地位仍然比较低。只有到了史诗《摩诃婆罗多》和《罗摩衍那》的时代，湿婆才上升到与梵天、毗湿奴并列的宇宙大神的地位。

湿婆的前身——暴风神楼陀罗，是一个性格复杂、具有善恶两重性的神。《耶柔吠陀》这样描述他：颈项青色，居于深山，发怒时如野兽一样嚎叫，放射出红色的霹雳之箭，伤害人兽；但是当他心平气和时，又是一个具有太阳般温暖的神医，可以用1000种草药为人和牲畜治病，为人类解除痛苦。湿婆的另一个前身——兽主神，是“兽类之主”。据专家考证，兽主神可能是以公牛图腾为崇拜对象的部落酋长被神化了的形象，他既是驯服群兽之神，又是用群兽献祭的神。因此，兽主神的性格也是双重的：他的牛角和男根象征着具有繁衍生命的强大生殖力；他宰杀群兽作为祭品，也显示出摧毁生命的暴力。由于湿婆在形成过程中既继承了暴风神楼陀罗的善恶两重性，也承袭了兽主神创造生命和毁灭生命的两面性，所以在印度教的三大主神中，湿婆是性格最复杂、形象最繁多的一个。许多自相矛盾、水火不相容的形象和性格都融汇于他一身：既是毁灭生命者，又是使万物起死回生者；既是禁欲的大苦行者，又是色欲和生殖力的象征；既有抚养众生的仁慈之心，又有复仇残杀的凶恶之念；既能潜心苦修瑜伽，又能狂热地欢歌跳舞。

湿婆以各种不同的形象出现在人们的面前，主要有以下4种。

1. 苦行者。传说作为苦行者的湿婆，终年隐居于喜马拉雅山的一座名为“吉婆”的山峰之上。此时，他的形象是：身不着衣，只在腰间围一短兽皮裙；多绺发辫，盘成高髻；头顶一弯新月，天上的银河之水从他头上倾泻而下；脖颈青黑，缠绕着一条眼镜蛇；他有3眼4臂，第三只眼睛长在前额上，放射出闪闪神光；4只手分别持三叉戟、手鼓、苦行者用的水罐和念珠。

2. 舞蹈之王。湿婆的另一个重要化身。相传，湿婆是印度舞蹈的始祖，他会跳 108 种舞蹈。这些舞蹈分两大类：一类是女性式的柔舞；一类是男性式的刚舞。有人说，湿婆跳的舞蹈象征着宇宙的永恒运动，柔舞与宇宙的创造活动相关联，刚舞与宇宙的毁灭活动相联系。

对湿婆“舞王”形象的崇拜，在南印度的泰米尔地区尤为盛行。在南印度各地的湿婆庙中，大都供奉着湿婆舞王的金属像或石雕像。最常见的舞王形象是：头发编成几绺，在各绺头发之间，饰有恒河女神像、花朵、骷髅和新月；张开四臂，翩翩起舞，脚踏着象征人类冥顽的侏儒。右边有两只手，一只执鼓，一只手掌朝外，手指向上，做无畏手印；左边有两只手，一只托火，一只手臂横在胸前，作象鼻状。这种舞姿，在印度被称为“蛇抖”。

3. 毁灭之神。据传说，当湿婆作为毁灭之神时，其形象极为凶恶恐怖。他颈上挂着一串骷髅，喜欢出没于火葬场、坟地、战场等恐怖的地方，有成群的魑魅魍魉簇拥着他。他游荡于鬼魂之间，管理着死者的“时限”，此时他是万物毁灭的象征。

湿婆具有极大的破坏能力，他额头上的第三只眼喷射出的神火，能毁灭一切。传说，远古时代，曾有 3 个妖魔在天界、空界和人间，分别用金、银、铁铸造了 3 座城池。城池犹如巨大的神车，可以任意遨游。妖魔凭借着这些城池，胡作非为，搅得天界和人间都不得安定。因陀罗大神想降伏这 3 个妖魔，却战胜不了它们，只得求助湿婆。在因陀罗的请求下，湿婆决定亲自出战。他竖起两座山峰为战旗，以大地作战车，用蛇王作车轴，以日月为车轮，用毗湿奴作箭镞，让梵天当驭者。当他与 3 个妖魔激战时，他只用 1 支箭，就射穿了 3 座城池，然后睁开了第三只眼，放射出一道神火烧死了它们。这个神话故事既反映出湿婆的强大毁灭能力，也表现出他拯救人类的善良之心。

4. 林伽。主要流行于南印度的一个湿婆形象。自古以来，林伽就受到广大信徒的崇拜。林伽，是指男性生殖器。作为湿婆化身的林伽，其形象往往是一根用石头雕成的、秃顶的粗大圆柱，上面涂上油。有的林伽神像，甚至放置在石雕的磨盘形的约尼（女性生殖器）之上，象征着阴阳和合而产生的创造力量。

在印度教教徒的心目中，林伽作为湿婆的神圣标志，决不单纯指普通的男根，而是象征着湿婆潜在的本性，象征着这位宇宙大神所具有的创造力量、繁衍生命的无限潜能。实际上，湿婆不仅是毁灭之神，而且是创造之神。在印度教的哲学中，毁灭与创造只是同一事物的两个方面，两者相互转化，创造导致毁灭，毁灭也必然导致创造。

三、罗摩大神

罗摩（Rama）曾是毗湿奴大神的一个化身，在中世纪宗教改革之后，他已经上升为印度教最重要的神灵之一。现在，崇拜罗摩为主神的罗摩教派，在印度教中信众最多。

罗摩的故事，来源于史诗《罗摩衍那》和《摩诃婆罗多》的一些插画。传说，十首魔王罗波那由于受到梵天的恩泽，所向无敌，诸天神都斗不过他。天神们便去求助梵天，梵天无奈，只好让他们去请毗湿奴下凡。于是，毗湿奴下降凡界，投生为十车王的长子罗摩。罗摩长大后，十车王决定让他继承王位。但是，十车王的小王妃阴谋废长立幼，把自己亲生之子婆罗多立为太子。罗摩和妻子悉多与异母兄弟罗什曼那，一起被流放到森林。在森林中，罗摩等人不畏艰苦，克服了重重困难。有一天，罗摩的妻子悉多不幸被十首魔王劫走。经历了一番磨难，罗摩在神猴哈奴曼和众猴兵的帮助下，终于杀死了十首魔王，救出了妻子悉多。此时，14 年的流亡生活也已经期满，罗摩回到祖国，继承了王位。

在罗摩的画像中，他一般肤色黝黑，服饰华丽，头戴尖顶王冠，左手持弓，右手拿箭，一派武士的英姿。他的身旁，左有弟弟罗什曼那，右有爱妻悉多，足前立着忠实的奴仆——神猴哈奴曼。在印度教教徒的心目中，罗摩被视为武士精神和懿行美德的象征，他的忠义行为和高尚品德，受到印度教教徒普遍的尊崇。

四、黑天大神

黑天（Krishna），又称“克里希那”，是毗湿奴大神的第八个化身。在现代印度教中，有许多教派的信徒都奉黑天为主神，他的地位越来越高。

有关黑天的神话，主要出自《摩诃婆罗多》和《薄伽梵往世书》。据这些经典记载：毗湿奴化作黑天下凡人间，一生下来就遭灾受难。黑天的舅舅是一个骄横残暴、欺压百姓的国王。黑天的父母，因受其舅舅的迫害，被投入监狱，所以黑天出生在牢房中。他刚一出生，父母担心其舅杀害他，便偷偷派人连夜将他送到一个牧民家。从此，他在牧民家长大。幼年时，黑天出众顽皮，屡次做出神奇的事情，多次把他舅舅派来的妖魔杀死。青年时，他成为一位英俊风流的牧人，经常与牧女们玩耍嬉戏，他用悦耳动人的笛声吸引牧羊女到森林中同他如醉如狂地跳舞。后来，他与其兄大力罗摩一同进城，杀死了他的舅舅——昏庸无道的国王，救出了被囚禁的父母和百姓。

另外，黑天还与《摩诃婆罗多》中的俱卢族和般度族都有亲戚关系。在这两个部族交战时，他作为般度族的首领——阿周那的驭手，上阵交锋。在两军阵前，他对阿周那的一番教诲之言，成为印度教最重要经典——《薄伽梵歌》的中心内容。在《摩诃婆罗多》中，黑天有时以一个军事战略家的形象出现，有时也以一位大神的身份出现。但是，这些形象远不如其青少年时的牧童形象吸引人。所以，黑天青少年的牧童生活和恋爱故事，成为印度教文学、绘画、音乐等艺术作品的重要题材。

如果说印度教教徒崇拜罗摩是敬仰他的品德高尚和行为端正，那么崇拜黑天则是仰慕他的足智多谋和风流多情。在他们看来，青年黑天与牧女之间的忠贞爱情，象征着神与人之间的真挚之爱。有关黑天的神话传说纷纭奇异，所以黑天在画像和雕塑中的形象也纷繁不一。通常他被描绘成英姿飒爽的青年牧人，在一群美貌牧女的簇拥下吹笛或嬉戏。

五、形象、性格各异的女神

除了男神之外，印度教还有数量众多的女神。她们的形象和性格都有各自特点，而且反差极大。在她们中间，一些神呈美女形象，性格温柔而贤惠，代表着智慧、善良与吉祥；而另外一些神，虽然形象凶恶，性格残暴，但也是战胜邪恶的正义力量的象征。

1. 萨拉斯瓦蒂女神。

萨拉斯瓦蒂（Sarasvati），又称为“辩才天女”，被印度教奉为文艺女神或智慧女神。在神话传说中，她是梵天大神之妻。

萨拉斯瓦蒂女神的演变过程是相当复杂的。早在吠陀时代，她作为一条河的名字而发展成河神，她能洗涤灵魂的污秽，并给人们带来财富和子孙。在史诗时代，她已经演化成主管语言的女神。后来，又逐步变成今天的雄辩和智慧之神。传说，她是梵语及天城体字母的创造者，掌管着语言、诗歌、音乐和绘画，是一切艺术和科学的保护者。印度教教徒把她视为知识广博、善于雄辩、智慧高超、艺术精湛的化身，向她祈祷是为了使自己获得更多的智慧。相传，她与财富女神拉克希米是姊妹关系，但姊妹俩的性格却完全不同，一个代表财富，一个象征智慧。因此，印度教教徒认为，一个人或者获得财富，或者获得智慧和艺术才华，绝不可能两者兼得。有些人之所以成为伟大的学者或艺术家，就是因为萨拉斯瓦蒂女神居住在他们的舌头上。

在神像中，一般把萨拉斯瓦蒂描画成文雅恬静的美貌女子。她皮肤雪白，身着白衣，头戴白色花冠，不饰任何珠宝。有 4 只手，一手持琴，象征着艺术才华；一手弹琴，象征着音乐天赋；一手持书稿，象征着智慧和写作能力；一手持念珠，象征着虔诚。她的坐骑是 1 只白色的孔雀或白色的天鹅。她的白衣、白冠、白色孔雀，一身雪白，意味着她的纯洁高尚、白玉无瑕。

后来，萨拉斯瓦蒂被大乘佛教所吸收，成为佛教中的一位菩萨，被称为“妙音佛母”或“辩才天女”。通过佛教的传播，这位女神也传入我国，在我国的许多佛庙中都有她的画像或雕塑。

2. 拉克希米女神。

拉克希米（Laksmi），又称“吉祥天女”，被印度教奉为“财富女神”。在传说中，她是毗湿奴大神之妻。在印度教看来，她是财富和繁荣的象征，也是推动社会发展的一种力量。另外，她还是贤妻良母的象征。印度教教徒常把一个新媳妇比作家庭中的“吉祥女”，就是因为她的善良和勤俭，可以促进家庭的和睦与兴旺。在印度教中，对拉克希米的崇拜是非常普遍而虔诚的，几乎所有的商店和家庭，都设有财富女神的神龛，人们每天清晨向她顶礼膜拜，祈祷生意兴隆、财源茂盛，万事如意。

“拉克希米”一词，最早出现在《梨俱吠陀》中，只有“吉祥”之意。

后来，这个词被人格化了，到了史诗和往世书的时代，则演化成一位能给人带来吉祥的女神。在神话传说中，吉祥天女产生于“搅乳海”的故事。据说，当众天神和阿修罗共搅乳海时，吉祥天女坐在莲花上，突然涌出水面，使天神和妖魔大吃一惊，他们都被她的美貌吸引，目瞪口呆。因此，拉克希米的画像多为美女，面带慈祥微笑，头戴珠宝镶饰的王冠，身穿华贵的服装，坐在露出水面的莲花之上。她有 4 只手，上面的两只，各持一朵莲花；下面的两只，一只手作下雨的姿势，另一只手抬起手掌作祝福姿势。在她的身旁，常常有抱琴的辩才天女和象头神与之相伴。

3. 帕尔瓦蒂女神。

帕尔瓦蒂（Parvati），又称“雪山神女”，在神话中她是湿婆大神之妻。传说，帕尔瓦蒂是喜马拉雅山的女儿，一位美丽、善良、温柔的姑娘。后来，她爱上了正在雪山修苦行的湿婆大神。众天神为了使她能得到湿婆的爱情，曾派爱神去引诱湿婆。当时，湿婆正在潜心苦行，见到爱神射来的爱情之箭，便勃然大怒，用他的第三只眼睛，喷射神火将爱神烧毁。但是，雪山神女并没有死心，以后她在雪山上修了千年苦行，终于打动了湿婆的心，成了湿婆的妻子。她生有两子：长子为象头神伽内什，次子为六头之神塞键陀。

在神像中，帕尔瓦蒂常与湿婆在一起，貌如盛年美女。她端坐在一块豹皮上，脖子和手腕皆戴有花环，头顶闪耀着光圈，长长的黑发披到肩上，前额上点着红色的吉祥痣。她面带微笑，双眼微闭，双手放在膝上。她的身旁，静立着手持三叉戟的湿婆，面前放着石雕的林伽和约尼。在印度教教徒看来，帕尔瓦蒂也是性力女神的化身，她代表着圣洁、美丽、纯真的女性之美，也象征着生命的源泉和宇宙再生的无限潜能。

4. 杜尔迦女神。

杜尔迦（Durga），又称“降魔女神”。印度教的性力派奉她为主神，把她看作是驱除邪恶、促进世界安宁昌盛的力量的象征。后来，这位女神也被佛教所吸纳，在我国汉译佛经中，她被称为“难近母”。

根据神话传说：世界曾一度在恶魔的统治下，众天神和人类都感到不安宁，便祈求梵天大神赶快驱除恶魔。梵天在众神的请求下，从帕尔瓦蒂的身上创造出一个女神，她不仅美丽，而且力大无比。为了使她具有更强的力量，每个天神都把自己的力量和武器分给她一份。毗湿奴把自己有名的海螺送给她，湿婆给了她一把三叉戟……因此，这位女神威力无比，生有10只手，每只手都持一件武器。在众神的支持下，她很快就降服了一切妖魔，使世界重得安宁。在印度教教徒的心目中，杜尔迦是一切正义力量的象征。

杜尔迦的神像，一般被画成全身金色，头戴王冠，骑虎或骑狮。她有8只或10只手，每只手都拿一样兵器，如三叉戟、转轮、利剑、镰刀、权标和莲花等。在印度的西孟加拉邦，每年春秋两季，都要为杜尔迦女神举行盛大的祭典。在印度的东南部，每年九、十两月也举行此种祭典。信徒们将特制的杜尔迦神像供奉9天以后沉入水中，并进行大规模的游行和各种庆祝活动。

5. 迦利女神。

迦利（Kali），又称“黑色女神”，是印度教中一位极具特色的女神。此神也为佛教所吸纳，在汉译佛经中称她为“时母”。

据传说，有一次，迦利女神突然大怒，暴跳如雷，一心要毁灭人类。她用利剑进行残酷的屠杀，砍下无数人的头，使得尸横遍野，血流成河。见此场面，她反而疯狂大笑，用大碗把地上的鲜血舀起，大口大口地吞入腹中。此时，整个宇宙都充满着血腥的恐怖。她的丈夫湿婆大神虽然想阻止这种屠杀，但无法使她平静下来。最后，她也想把湿婆打死并踩在脚下。当她的脚踏到湿婆的胸膛上，她才醒悟到自己的行为是荒诞的，终于停止了这种恐怖的杀戮。这个故事生动地说明了迦利女神的凶狠和残暴。

与她的性格相一致，在神像中，迦利一般被画成黑色，赤身裸体，项上挂一串骷髅，腰间系着无数只断手。她黑面獠牙，眼睛里放射出凶恶的怒火，口吐血红的长舌。她有4只手，左边的两只手，一只持带血的利剑，另一只拿三叉戟；右边的两只手，一只提着滴血的人头，另一只端碗去接人头上滴下的鲜血。

迦利女神的这种形象出自一个神话故事。这个故事说：以前有一个魔鬼拉克塔比贾，他曾得到梵天的恩赐，这种恩赐能使他身上流出的每一滴血，都产生成千上万个像他一样的魔鬼。迦利女神要战胜这个魔鬼，要杀死他，又不能让他再生出新的魔鬼。怎么办呢？唯一的办法就是把他高高举起，用利剑刺穿他，把他流出来的血全部喝光，一滴也不能漏掉。迦利采用了这个办法，她张开自己的大嘴，喝光了魔鬼身上流出来的每一滴血。因此，迦利在杀死魔鬼拉克塔比贾以后，变得嗜血成性。在画相中，她经常从嘴里伸出长长的舌头，嘴边滴着鲜红的血。在古代，曾经有以人作祭品为迦利女神献祭的记载。但是，到了现代，祭祀她的供品则改用山羊等动物。现在，在加尔各答的迦利女神庙，还经常举办这样的祭祀活动。

帕尔瓦蒂、杜尔迦和迦利，据说都是性力女神萨克蒂的化身，被印度教性力派所崇拜。后来，这些女神被印度佛教的密宗所吸收，也成了佛教的神。随着佛教密宗传入我国西藏地区，她们也被我国藏传佛教所崇拜。在西藏的佛教寺庙中，到处可以看到这些女神像。在北京的雍和宫（藏传佛教寺院），也有杜尔迦女神（难近母）和迦利女神（时母）的画像。

六、备受尊崇的动物之神

在印度教的万神殿中，有许多人格化的动植物之神，如神猴哈奴曼、象头神伽内什、神牛南迪、蛇神那伽、大鹏金翅鸟伽鲁德、酒神苏摩（苏摩是一种植物）等。在这些神灵中，至今影响最大、信众最多的，要数象头神伽内什和神猴哈奴曼。

1. 象头神伽内什。

象头神伽内什（Ganesa），在传说中是湿婆大神与雪山神女的长子，他也是印度教各大教派所共同崇拜的对象。印度教中还有一个派别专门崇拜象头神，奉他为主神，把他视为万物的创造主。

在传说中，象头神具有巨大的力量和强健的记忆能力，他能排除各种障碍和险阻。因此，人们在创建新的事业时，都要向他祈祷，求他保佑。由于他的记忆力惊人，印度教还奉他为智慧之神，让他司管文学、教育和各种书籍。在传说中，他曾经是大史诗《摩诃婆罗多》的作者广博仙人的抄写员。《摩诃婆罗多》是由广博仙人口述，由他笔录而成的。印度教教徒认为，动物与人是一个统一而和谐的整体，象头神就是这个统一体的代表，他把人的智慧和动物的力量结合在一起，因而具有惊人的记忆力和强健的体魄。

象头神的形象，一般是象头人身。他坐在宝座上，头戴王冠，项挂花环，前额上印有湿婆的三道横线和三叉戟的标记，长长的鼻子和象牙显示出象的容貌。他有 4 只手，上面的两只手，一手持斧，一手持象征权力的节仗；下面的两只手，一手端着装有甜食的盘子，一手拿着他自己的一根断牙。传说他在一次历险中，折断了一根长牙。他的足前，伏着一只正在吃食的老鼠。这只老鼠据说也是他的好友。

象头神的神像，一般放置在各大神庙和住宅的入口处，有时也矗立在十字路口、河流的交叉口和各种奇异的角落里。朝圣者在进入寺庙之前，首先要向象头神祈祷。教徒们在家中，要先拜象头神，再拜其他诸神。在象头神的神像前，虔诚的信徒们首先忏悔自己所犯的错误，然后再祈祷象头神保佑自己未来的成功。

象头神也为佛教所接受，象头神的崇拜在东南亚很流行。在我国藏传佛教地区也流行对象头神的崇拜。另外，在我国敦煌石窟的绘画中有不少象头神伽内什的画像。

2. 神猴哈奴曼。

神猴哈奴曼（Hanuman），又称“大领神猴”，现在已成为印度教相当重要的神灵之一。尤其是在广大农村，一直流行对他的崇拜。

关于哈奴曼的传说，来自大史诗《罗摩衍那》。《罗摩衍那》中讲：罗摩被流放到森林以后，他的妻子悉多被十首魔王罗波那劫走。正当罗摩四处寻觅悉多时，遇到了大领神猴哈奴曼，他对罗摩的处境深表同情，决定全力帮助罗摩。哈奴曼虽然个子不大，但是机智灵活，本领高强，善于腾飞变化。他站在高山之巅，纵身一跃，跳过大海，来到十首魔王占据的楞伽城，发现了被困在那里的悉多。哈奴曼把罗摩托他带来的信物——戒指，交给了悉多，转告了罗摩的消息，也得到了悉多的回音和证明。此时，他没有返回，而是想试探一下妖魔有多大的实力。他孤身一人，与众妖魔大战，结果被捕。魔王罗波那命令在他的尾巴上系上燃烧物，然后把他释放。哈奴曼急中生智，他在宫廷内外东蹿西跳，弄得楞伽全城大火四起。而他自己跳入大海，熄灭了尾巴上的火，回到了罗摩身边。后来，在与魔王军队大战时，罗摩兄弟都负了重伤。为了救助罗摩兄弟，哈奴曼发挥了他力大无穷的本领，用手扛来了大山，用山上的仙草给罗摩兄弟治愈创伤，又用手托回了大山。最后，在哈奴曼和他率领的众猴兵帮助下，罗摩战胜了妖兵，杀死十首魔王，救出了悉多。

在《罗摩衍那》中，哈奴曼是一个无限忠诚、机智能干的助手和侍从。由于协助罗摩打败了魔王，所以他威名远扬，被印度教教徒尊奉为忠诚侍从的化身。据传说，他有一次曾撕开自己的胸膛，掏出自己的心肝，让罗摩和悉多看看自己对他们的赤诚之心。人们崇拜哈奴曼，把他视为坚贞不渝、赤胆忠心的象征。

传说，哈奴曼的无穷之力来自他的父亲——风神波瓦那，因此他又叫作“风神之子”。在传说中，他的母亲安阇尼是位美貌体弱、疾病缠身的女神。一次她在河边行走时，风神波瓦那路过此处，为她的美貌所吸引，便用力吹动她的身体和衣衫，把她的病魔驱走了，并把自己的神力注入她的身体，从此她变得精力充沛、力量无穷。她所生的儿子哈奴曼，也是体魄健壮、力大无比。因此，印度教教徒还把哈奴曼视为驱除一切邪恶和病魔的象征，崇拜他和向他祈祷，是为了消灾除病、身强体壮，从一切疾病和烦恼中解脱出来。

哈奴曼的神像一般是猴头人身。他肌肉发达，身体无毛，皮肤呈黄褐色；头戴金冠，身穿腰衣，手持一根木棒。从外形来看，只有猴子的面孔和长长的尾巴才显示出神猴的形象。

有专家研究、推测，中国神话故事《西游记》中孙悟空的神猴形象可能就来源于印度史诗《罗摩衍那》的神猴哈奴曼。当然，即便如此，中国文学家是在吸收了印度文学的营养后，经过自己的消化和创新，才创造出具有中国民族特色的美猴王孙悟空的。

第十章　宗教祭祀、礼仪与圣地

“祭祀万能”曾是古代印度教的三大纲领之一。人们把祭祀神灵置于至高无上的地位，把祭祀看作是实现人生理想最重要的途径。从中世纪以后，历次宗教改革运动的矛头都指向劳民伤财的烦琐祭祀，主张精简祭祀、简化礼仪。今天，印度教的祭祀活动早已失去“万能”的地位。尽管如此，祭祀和礼仪在人们的宗教生活中仍然起着十分重要的作用。

第一节　印度教的家庭五祭

印度教教徒举行家庭祭之前，必须在自家庭院内设一坛场，洒水涂牛粪，以保持坛场圣洁。他们把牛粪看作是最洁净的东西，常用它清洁坛场。然后，在坛场内，造一火炉，即设一火坛，此火称为“家火”。一般情况下，家庭的各种祭祀仪式都在“家火”旁举行。

家庭祭也分许多种类，大致有 3 类：第一类是每天必须进行的祭祀；第二类是每年定期进行的祭祀；第三类是在人生各个阶段中进行的祭祀。下面，介绍一下印度教教徒每天必须进行的祭祀，共有 5 种：梵祭、祖先祭、天神祭、精灵祭和人间祭，合称“五大祭”。

一是梵祭，又称“仙人祭”，要求教徒每天按照规则，学习和诵读吠陀经文和各种经典，同时在供奉梵的祭坛上摆放供品，以祭祀达到梵境的仙人。

二是祖先祭，又称“供祖先”，要求教徒每天用食物、水、牛奶、水果等供品，供奉祖先之灵。

三是天神祭，亦称“烧供”，主要是祭祀那些与家庭有关的神灵，如火神阿耆尼、酒神苏摩、雷神因陀罗、雨神帕阇尼耶、朔日女神、望日女神和生主神等。教徒们每天都要用家中灶火所做的食物，供奉以上诸神，祈求他们的保佑。

四是精灵祭，亦称“空供”，主要是祭祀印度教所崇信的各种精灵。教徒要站在自家住宅的屋顶，把供品撒向天空，以祭祀日行精灵和夜行精灵；把供品撒向门边，以祭祀风精摩鲁特；把供品撒到水里，以祭祀水精附波；把供品往杵臼上撒，以祭祀树精；把供品撒在住宅正中，以祭祀住宅保护之神等。此外，他们还要把米谷撒在地上，喂养猫狗鸟虫，以表示对一切生灵的保护和关爱。

五是人间祭，又称“供客人”，要求教徒按照规则向印度教的游方僧和乞食者布施食物，或接受他们留宿过夜。《摩奴法典》有这样的记载：客人到来之后，他应当依照规则供给客人座位、水，以及尽自己所能提供食物；夕阳送来的客人，不可以被家居者赶走，无论适时不适时，客人都不可不食，而且留在家中住宿。这种客人祭，实际上，就为印度教普遍流行的乞食风俗和游方僧云游四方提供了方便条件和物质基础，使乞食者和游方僧无论走到哪里都可以得到必要的食物。

第二节　四种主要仪礼

在印度教教徒的一生中，从受胎、出生、命名、入法、结婚，一直到死，每进入一个生活阶段就要在家庭中举行一种宗教仪式。这种仪式叫作“圣礼”或“洁身仪式”。随着时代的发展，这些仪式已经大大精简了。时至今日，最受重视的仪式只有四种： 出生礼、入法礼、婚礼和葬礼。

一、出生礼

出生礼在婴儿出生的当天举行，婴儿的家长要请来婆罗门祭司和亲朋好友。仪式一开始，要由祭司诵读一些能使婴儿产生智慧的经文和咒语。随后，由婴儿的父亲亲自给初生儿喂蜂蜜，据说蜂蜜可以促进幼儿智力的增长。此外，还要进行一些具有象征意义的表演，以祈求使婴儿健康成长。最后，婆罗门祭司还要背诵某些具有魔力的咒文，以驱除妖魔鬼怪，确保婴儿一生中不患疾病。

二、入法礼

入法礼是印度教教徒一生中最重要的圣礼。这种仪式只有再生族的高级种姓（前三个种姓）才有权进行，它标志着一个教徒在精神上的再生。父母只给了他第一次生命，即肉体生命，经过这个仪式他开始拜师学习吠陀，才算是真正开始第二次生命——精神生命。精神的再生，对印度教教徒来说，具有十分重要的意义。因此，他们把入法礼看作是神圣而庄严的仪式。

这个仪式要由婆罗门祭司主持，首先诵读咒语和经文，然后向接受入法礼的儿童授予属于他那个种姓的腰带和圣线。因为种姓不同，他们所接受的腰带也不同。对此，《摩奴法典》有明确的规定：婆罗门的腰带应当光滑而柔软，用三股蒙阇草搓制；刹帝利的腰带应当是用穆尔瓦草搓制的弓弦；吠舍的腰带应当是麻绳。最后，系上腰带和圣线的儿童要围绕着亲朋或社会上送来的施舍物绕行儿圈，以表示他在未来的生活旅途中必须依靠社会，并将全力地为社会尽职尽责。

三、婚礼

婚礼是印度教生活中一个非常隆重的仪式。印度教教徒把结婚看作实现人生四大目标的一个重要步骤。认为结婚的目的，是通过身体的结合来实现人类精神的结合。夫妻之爱体现着人类之爱，也是达到人类普遍之爱的一个阶梯。结婚并不意味着纵情享乐，而意味着通过夫妻的共同努力来实现精神的最

终解脱。

在婚礼举行之前，要进行一系列的准备仪式，如订婚仪式、送喜帖仪式（由女方提出结婚的日期，用书信寄给男方而举行的仪式）、游城与敬母仪式（男方迎亲队伍出发前要进行的两个仪式：一是新郎要骑马游城，宣示自己要结婚；二是向母亲保证婚后要敬母，不会忘记父母的养育之恩）等。

正式的婚礼非常隆重，参加的人很多。那一天，在光彩夺目的焰火中，随着乐师的伴奏，人们欢快地歌舞。婚礼过程有许多重要而烦琐的程序：新郎新娘两家交换花瓣，新郎向新娘的父母鞠躬，新娘的父母把新娘交给新郎，新郎新娘向圣火膜拜，等等。每一项程序都有其象征意义，而且必须在宗教经文的诵读声中进行。例如，新娘的兄弟要把她的脚抬起，放到一块有象征意义的石头上，这时新郎向新娘说："你登上这块石头，就要像石头一样，信守教规，始终如一，忠实地履行妻子的义务。"新娘表示一定能做到，然后夫妻二人共同向火神祈祷。此仪式意味着，妻子对丈夫将如磐石般地忠贞不渝。

另一个更重要的仪式是：新郎新娘手拉着手，围绕庭院正中的一个火堆（即圣火）行走七圈（七是吉祥的数字）。每走一圈，两人都要向圣火发誓言，例如"愿我俩相亲相爱、亲密无间""愿我俩同甘苦，共患难，终生相伴"等。这个仪式意味着：从今以后，新郎新娘将为共同的目标，把命运结合在一起，携手并肩，白头到老。圣火代表火神阿耆尼，他是夫妻双方最公正的见证人，能够永远监督夫妻双方履行自己的誓言。

四、葬礼

葬礼也是一个重要而神圣的仪式。印度教教徒去世后一般用火葬。当一个教徒临终时，家属和婆罗门祭司都要赶到他的身边诵读经文和咒语，聆听他的遗言，准备陪葬物等。人死后，将其遗体涂上油，穿上新衣，送往一个专门的焚尸场。焚尸场内，用几百千克的木柴搭起一个长方形的柴堆，尸体放置在离柴堆不远的小平台上。葬礼要请婆罗门祭司来主持。首先，祭司手持一个装有死者家乡水的瓦罐站在死者亲友的面前，向神祈祷，然后高举瓦罐，向空中一抛，让罐子落地。此时，罐破水出，这象征逝者的灵魂（自我）终于从肉体的羁绊中解脱出来，重新返回到上天的梵境，达到“梵我合一”的境界。

此仪式之后，人们将尸体移至柴堆上，祭司在尸体上洒上一些取自恒河的“圣水”，并且在柴堆上浇上酥油。按照习俗，点燃火堆之事必须由死者的长子来执行，而且要从死者头部烧起。火堆燃烧后，祭司诵读吠陀经文与咒语，亲友们唱起挽歌，并且向天空抛撒草叶，以此祈求逝者的灵魂早日升天。另外，亲友们也向燃烧的火堆中抛撒各种鲜花，以表达亲人最后的祝愿。在焚尸时，除了死者妻子外，其他的女人不能参加（也有的地方规定所有的女人都不得在场）。

火化后 10 天之内，居丧的直系亲属必须遵守各种禁忌，并举行一定的仪式，以使亡灵在来世的途中有所依附。10 天之后，再选定吉日，由亲属把骨灰撒入江河。如果能把死者的骨灰投入圣河——恒河之中，那将是对死者最高的礼遇。

第三节　众多的宗教圣地

朝圣与祭祀一样，都是印度教教徒必须履行的宗教行为。所谓“朝圣”，就是信徒定期或不定期地到他们所崇拜和向往的圣地、圣山、圣河、神庙或教主出生的地方去朝拜，目的是从那里获得神的启示和精神的力量，或者寻找到“通向神的道路”。印度教教徒又把朝圣称为“巡礼”，自古以来他们就有巡礼的习俗。

1964 年 “世界印度教教徒大会”成立，这是一个联系印度和世界各地印度教教徒的核心组织。为了最大限度地联系和团结世界各地的印度教教徒，该组织在 1979 年召开的第二届代表大会上制订了一个会规，要求本会会员必须做好六件事，其中一件就是每年必须到印度教圣地或神庙去朝拜，以从神那里获得力量。这说明，朝圣活动在今天印度教教徒的生活中仍然占据重要的位置。

下面，介绍一些最有代表性的圣地：

一、恒河

恒河被印度教视为圣河。恒河译自梵文“Ganga”，意思是“由天堂而来”。 在印度教教徒看来，恒河之水是从天堂里流下来的。据神话传说：古代，在一位国王的祈求下，恒河之水才从身处天界的毗湿奴大神的脚尖流出来，汹涌而降。湿婆大神担心天上之水的冲力太大，会伤害人类，故而他先让水流到自己的头顶，减小冲力，然后顺着发根，再缓缓地流到地面上。所以，地面上的恒河之水流得从容缓慢，宛如一位美丽的仙女款款而行。

印度教教徒还把恒河当作神来崇拜，恒河女神就是这条圣河的化身。在神庙中供奉的恒河女神，端庄秀美，文静典雅，盘腿坐在鳄鱼背上，一手持莲花，一手托水罐，面含微笑，头放金光。她的使命就是为人间荡涤污垢，为凡人洗净罪孽。因此，每个印度教教徒梦寐以求的愿望，就是生前到恒河中沐浴，死后把骨灰抛撒到恒河里。在他们看来，这样做可以使灵魂早日升入天堂，永远摆脱尘世的烦恼。

由于恒河水是神圣的，恒河的支流——朱木拿河、胡格利河等，也随之成为圣河。恒河两岸的城市以及恒河与其支流的交汇处，都成了印度教的宗教圣地。其中，最主要的有瓦拉纳西、阿拉哈巴德、哈德瓦尔等。

二、瓦拉纳西

瓦拉纳西（Varanasi），位于北方邦的东南部，恒河中游的西岸。现在它是印度教最著名的圣地，印度教宗教与文化中心。古代它曾是印度教七大圣城之一，当时的名字为“迦尸”（Kashi），后来又称为“贝拿勒斯”（Banaras），直到1957年才更名为瓦拉纳西。

自古以来，瓦拉纳西就是印度宗教的中心，许多著名的历史与宗教名人都与这个城市相联系着。早在公元前5世纪，释迦牟尼曾在此城西北10千米处的鹿野苑传授佛法。公元7世纪，我国唐代佛教高僧玄奘曾来过此城。15—16世纪，著名的虔信派改革家伽比尔和杜尔希达斯都曾居住在这里，并在此传教。印度教最高的学府——历史悠久的印度教大学和梵文学院都坐落在这座圣城之中，为其增添光彩。据说，15—18世纪，这里的梵文研究水平一直在全印度占据第一位。

今天，瓦拉纳西以庙宇众多而著称于世界。它有2000多座建于不同朝代、风格各异的寺庙，绝大多数属于印度教。在印度教的神庙中，湿婆金庙、杜尔迦女神庙和哈奴曼神猴庙香火最旺，朝圣者最多。湿婆金庙的庙顶是镏金的，据说共用了880千克黄金，故称“金庙”。在金庙正殿中央，供奉着湿婆大神的象征物——林伽，每天都有成千上万的香客来此献花、敬拜和祈祷。杜尔迦女神庙，由于里面养着数不清的猴子而闻名，又称“猴子庙”。此庙是一座典型的北印度式的印度教建筑，从第五层起，尖塔层层垒上，直到最高顶，这象征着地、水、火、风、空五大物质最终融入最高境界——梵境。这些神庙以其神秘的教义和独特的建筑特色，不仅吸引大批印度教教徒来此顶礼膜拜，而且引来无数的海外游客来此观光游览。

圣城的另一个特点是这里的恒河水被认为是最圣洁的，每天都有成千上万的印度教教徒来此沐浴，净化自己的灵魂。在新月形的恒河湾两侧，修建了大大小小的64个带有很多石阶的码头。印度教教徒认为，在这里修筑码头是最大的积德行善，历代的王公贵族都愿意在此留下他们的善迹。因此，沿着恒河岸边所修造的大大小小码头，延绵有六七千米。这些码头的用途，就是为了方便信徒们沿码头的石阶，逐次走下恒河之水。沿着长达几千米的码头，每天都有数以万计的人来恒河沐浴，用圣水清洗自己的罪过。尤其是清晨和傍晚，人山人海，拥挤不堪，宛如赶庙会一样。

圣城的第三个特点是在恒河两岸的码头上还设置了许多焚尸场，每天都有不少虔诚的信徒在这里被火化。在印度教教徒心目中，瓦拉纳西是全国最神圣的火葬地。据神话传说：管理死者“时限”的湿婆大神，经常到恒河岸边来巡视，凡是在这里火化的人，都可以得到湿婆大神的恩惠，其灵魂不再遭受轮回之苦，可径直升入天堂。正是为了这个目的，许多家属千里迢迢把亲人的遗体运到这里进行火化。甚至有些病人或老人干脆在恒河岸边住下来，在这里等待死亡，以期灵魂早日得到解脱。

三、阿拉哈巴德

阿拉哈巴德（Allahabad），位于北方邦的东南部，恒河与其支流朱木拿河的交汇处。古代，阿拉哈巴德被称为“钵罗那伽”，意为“献祭之城”。1583 年，莫卧儿王朝的阿克巴大帝在此兴建新的城堡，改为现在的名字，意思是“神城”。

阿拉哈巴德作为印度教圣地，是与盛大的贡帕庙会分不开的。贡帕庙会（Kumbhamela，又称“甘露庙会”）是印度教最隆重、最盛大的宗教集会。每隔 3 年举行一次，阿拉哈巴德也随着庙会的举行而名扬四海。贡帕庙会，起源于印度教著名的“搅乳海”的神话传说。相传在远古的时候，诸天神与阿修罗（魔鬼）合作，共搅乳海。从乳海中搅出来 14 件宝贝，最后一件就是一个装满甘露汁的金罐子。据说这甘露汁法力无边，可以使人长生不老。众天神与阿修罗都想得到这个罐子，双方争执不下。毗湿奴大神担心阿修罗把罐子拿走，他就化作一位美女来到大家面前，要大家闭上眼睛，并且许愿谁最后睁开眼睛，她就嫁给谁。趁着阿修罗闭上眼睛的时候，毗湿奴马上把金罐子交给因陀罗神之子杰因德。杰因德化作一只大鹏鸟，带着甘露罐子飞向天堂，飞了整整 12 天。阿修罗发现之后，马上跟在杰因德后面，紧紧追赶。杰因德在阿修罗的追赶之下，不慎将甘露圣水撒下几滴，这几滴甘露圣水就落在了地面上的四个地方。这四个地方就是今天的阿拉哈巴德、哈德瓦尔、乌贾因和纳西克。根据这一神话传说，这四个地方便成为印度教举行贡帕庙会的四大圣地。因为杰因德飞行了 12 天，故每次庙会持续 12 天。

阿拉哈巴德是举办贡帕庙会的四大圣地中最吸引人的一个。每次庙会期间，数以百万计的印度教教徒，从印度和世界各地云集于阿拉哈巴德城外恒河与朱木拿河的交汇之处。在这里，他们在恒河之中沐浴，用恒河之水洗涤灵魂，并且饮用带有甘露汁的圣水，以求神灵的福佑。在短短 12 天的庙会期间，在恒河与朱木拿河交汇处数平方千米的土地上，就容纳了几百万，甚至上千万的香客，他们住在无数个五颜六色的帐篷之中，仿佛在这里突然建起了一座新城。根据有关记载：1989 年，在阿拉哈巴德举行的贡帕节，朝圣者估计达到 1200 万人；2001 年在这里举行的贡帕节，人数达到了惊人的 7000 万。

除贡帕庙会之外，每年春天，在阿拉哈巴德还要举行玛格庙会，平均每年也有20多万人来此朝觐。

阿拉哈巴德郊外的恒河岸边有一座著名的神庙，名为“帕塔尔·普利庙”，庙内有一株称为“不死之树”的古老榕树，树龄有1000多年。距此庙不远处，还有一座声名远扬的印度教神庙——神猴哈奴曼庙。在阿拉哈巴德城内，最著名的建筑是印度已故总理尼赫鲁的故居，名为“欢喜宫”，现在已经开辟为博物馆。以上这些地方，都是印度教教徒朝圣必到之处。

四、哈德瓦尔

哈德瓦尔市（Hardwar），位于北方邦西北部的萨哈兰普县，距新德里约260千米。此城傍恒河，地处喜马拉雅山麓与恒河平原的交界之处。由此往北，恒河在群山中奔流，水势湍急；由此往南，恒河进入平原，河面开阔，水流平缓。因此，哈德瓦尔有“恒河门”之称。恒河西岸，矗立着一座颇为壮观的印度教庙宇，名为“恒河门庙”。这座圣城有悠久的历史，早在1300年之前，我国唐代高僧玄奘曾到过这里，称它为“摩裕罗城”。他在《大唐西域记》一书中对这座城市有过记载。由此可见，哈德瓦尔在古代就是一座非常繁华的城市，也是一个有成千上万人来此朝圣和沐浴的宗教圣地。

哈德瓦尔也是举行贡帕庙会的重要地点之一。据说，每次在这里举办的庙会，无论朝圣者的人数，还是其热闹隆重的场面，都是非常壮观的。例如，1974年的贡帕庙会，从全国各地涌到哈德瓦尔的香客就有400万人之多，其中僧人有50万。游行时，走在每个教派队伍前面的是该派的领袖。他们有的端坐在银色的宝座上，有的坐在漂亮的现代大型马车里，有的坐在豪华的小轿车中。每个教派都有自己的旗帜和标志。一些教派的队伍还拥有武装僧人，在行进中挥舞宝剑，或用其他武器做表演。道路两旁，观看者人山人海，热闹非凡。游行过后，人们便到恒河中沐浴。据报道，这一年有7个教派的队伍参加列队游行，但是由于行进的顺序问题，而发生激烈的争执。这场争执最后在高级法院的干预下才算和平解决。

五、乌贾因

乌贾因（Ujjain）是古代印度教七大圣城之一，位于中央邦西南部，奇布拉河之滨。此城古称“邬阇衍那”，是一座悠久的历史名城。在笈多王朝时代，该城已经非常繁华，当时的大诗人迦梨陀娑盛赞它为人间之天堂。公元 7 世纪，戒日王曾把它定为国都。9 至 10 世纪，波尔马尔王朝又在此建都。13 世纪以后，乌贾因虽然在穆斯林国王和英国人的统治下，但它一直是印度教的宗教中心和朝圣地。

乌贾因城内有一座湿婆神庙，又称马哈伽尔庙。它曾是印度教历史上最著名的圣庙之一，13 世纪被穆斯林毁坏，18 世纪又重新修复。庙内的 12 个湿婆林伽，光彩夺目，是此庙的一大奇观。城南有一座九行星庙，印度教认为这里是第一条子午线通过之地，也是月亮和火星的诞生处。城之北，还有一座 11 世纪建造的婆罗多岩洞庙。

乌贾因的名气也与贡帕庙会相关，每次庙会期间都有来自印度各地几十万的善男信女到此朝觐。1968 年，在这里举行的贡帕庙会上，来此朝觐的印度教教徒有一百多万。即使在平时，奇布拉河畔也充满浓郁的宗教气氛。每天，虔诚的印度教妇女穿着五颜六色的纱丽，前额上点着朱红色的吉祥痣，来到河边焚香，向河神敬奉椰子和鲜花，给游浮在岸边的一群群乌龟喂食。她们认为这样做可以积功德、得善果，可以换来神的保佑。

六、坎奇普兰

坎奇普兰（Kanchipuram），位于泰米尔纳杜邦马德拉斯市西南 54 千米处，帕拉尔河下游的左岸。它是印度教古代七大圣城之一，有南印度的贝拿勒斯之称。

埃奇普兰历史悠久，公元 6 至 8 世纪曾是帕拉瓦王朝的京城，后来又成为朱罗王朝和维查耶纳伽尔王朝的首都。自古以来，该城就是南印度印度教的文化和学术中心。著名的哲学家商羯罗和罗摩奴阇都曾在这里生活和传教。

坎奇普兰由于有众多结构精美、风格奇异的寺院庙宇而负盛名。据说，这里曾有 1116 座建于不同朝代的印度教神庙，其中湿婆神庙 1008 座，毗湿奴神庙 108 座。但是，由于年久失修，现在大部分已经毁坏。目前仍有 200 多座神庙保存完好，湿婆派的神庙集中在西城，毗湿奴派的寺庙集中在东城。在这些寺庙中，以瓦罗德拉杰·斯瓦米湿婆庙最为著名，它建于 12 世纪，属于达罗毗荼人的建筑风格。庙内有一座百柱大殿，每根石柱上，都刻有各种各样的神像和珍奇怪兽，其雕刻工艺精美绝伦。石墙上，还雕刻着各式各样的链条和花纹，也令人惊叹不已。神庙的上方，耸立着一座 7 层顶塔，塔高 100 多英尺。在坎奇普兰城内，还有一座雪山神女庙，又称“斯里卡玛克卡庙”，每年 2—3 月间，庙内都要举行盛大的庆祝仪典。据统计，每年从印度国外来坎奇普兰朝圣和观光的人就有几十万，甚至上百万。

七、马杜赖

马杜赖（Madurai），是印度南部最著名的宗教圣地之一。它位于泰米尔纳杜邦南部的韦拉伊河畔，距马德拉斯市 443 千米。马杜赖有着光辉灿烂的历史和文化传统，从 12 世纪后一直是邦迪耶王朝的京城。早在公元之初这里就建立了泰米尔文学社团，到了近现代又有许多新的泰米尔文学组织相继成立。现在，该市有马杜赖大学及其所属的 13 所艺术学院。2000 多年来，马杜赖一直是达罗毗荼文化和艺术的中心。

马杜赖作为印度教圣地，是以它具有宏伟的寺庙建筑、精湛的雕刻艺术而著称于世的。因此，它获得“东方雅典”的美称。该市的米娜克希女神庙（Temple of Mānǎksā ）是印度教寺庙中最独特、最壮丽的一座，其布局之庄严、建筑之雄伟、雕刻之精美，都远远胜过其他庙宇。据神话传说，米娜克希女神是湿婆大神的妻子。米娜克希原初只是当地一位国王的女儿，由于她对神绝对虔信，便爱上了湿婆，后来与湿婆结了婚，从而成为当地民众崇敬的一位女神。这座神庙分为两部分：一半是米娜克希庙，一半是湿婆庙，故又称“双神庙”。庙长 258 米，宽 222 米，庙四周有 9 座高大塔门，每座塔门上面都雕刻着数不清的神像，其中最高的一座达 46 米。庙外有许多神龛、亭阁、骑楼、一座珠宝屋和一处大水池。庙内最有名的是“千柱殿”，说是千柱殿，其实只有 997 根石柱。但是，每根石柱都很粗大，一个人几乎搂抱不过来。最让人称赞的是，每根石柱的上上下下，都雕刻有各式各样的神像和异兽。有的雕刻着舞蹈女神，舞姿栩栩如生；有的刻着小象与小狮子，嬉戏玩耍…… 每一个雕刻图案，构思都非常新颖、手法细腻、工艺精美。殿堂的大厅中，矗立着梵天、毗湿奴和湿婆三大神的塑像。殿堂深处还有一个厅，厅内设有高大的神龛，神龛中供奉着林伽和大宝石。

米娜克希神庙可谓是南方印度教神庙建筑艺术的杰出代表。每天从四面八方到这里来朝圣的香客和观光的游客络绎不绝。在印度教教徒看来，到米娜克希神庙顶礼膜拜，就如同到恒河沐浴一样神圣。

除了米娜克希神庙外，马杜赖还有几座著名的庙寺。城西的科达尔·阿拉加神庙，也有许多精美的雕刻珍品。庙中的主神像，雕有坐、立、卧三种姿态，也是印度教塑像艺术中极为罕见的造型。在城外 8 千米处，还有一座名为“蒂鲁帕曼昆德拉”的石雕庙，它最深的殿堂全部是从坚石中开凿出来的，其工程之巨大，建造之艰难，在世界建筑史上也是罕见的。

第十一章　独具特色的节日与习俗

印度的节日甚多，小的不算，重要的节日也有二十几个，平均半个月一个。毫不夸张，印度人全年都沉浸在欢乐喜庆的节日气氛中。几乎所有的节日都与宗教有关，并且与神灵和神话的传说相联系着。例如，某一大神的诞生日、大神下凡救世、战胜妖魔的日子都成为印度人隆重集会、欢呼庆祝的节日。这些节日可分为两类：一类是全国性的，不分教派，普天同庆的节日；另一类是地区性的，属于某个教派在自己所辖地区举行的节日庆典。

第一节　丰富多彩的节日

一、霍利节

霍利节（Holi），又称“洒红节”，是印度举国同庆的重要节日。霍利节在印历十二月（相当于公历 2—3 月间）月圆之日举行。此时正值辞旧迎新之际，故有“印度春节”之称。到了这一天，不分男女老少，都要互泼红水，彼此在脸上抹“朱那尔”（一种红粉），互致祝贺，以示吉祥。

关于霍利节的来历，流传着种种神话传说。最流行的一种说法是：古时候有一个暴君，名为希罗那耶伽西普，狂妄自大，要臣民对他顶礼膜拜，奉他为神明。但是，他的小儿子普尔赫拉德，却执意不从，依旧坚持敬拜毗湿奴大神。暴君威逼再三，儿子矢志不移。父王想出各种办法，试图杀害他，但是他都一一躲过。最后，暴君叫人点燃柴堆，让自己的妹妹——不怕火烧的霍利卡，抓住普尔赫拉德一起跳进火里，企图烧死这个儿子。霎时间，烈火熊熊，火舌扑人。结果出乎暴君的预料，不怕火的霍利卡被烧成灰烬，而普尔赫拉德由于毗湿奴大神的保佑却安然无恙。当他从火堆上走出来时，人们纷纷向他身上泼水，并在水中渗上红粉，以表敬意。印度教教徒认为，霍利卡被烧死的故事，象征着正义和善良终将战胜邪恶，因此这个节日被称为“霍利节”。

霍利节是以泼洒红水为主要特征的。节日那天，人们很早就来到街上，大街上鼓乐喧天，一片欢腾。人们见面，不管认识不认识，无论老人还是孩子，劈头盖脸地互相泼洒五彩的颜料水，弄得人人全身红透湿遍，欢乐无比。他们还向对方脸上或身上涂抹五色的彩粉，一个个都变成了大花脸。孩子们更加调皮活泼，拿着水枪互相对喷。夜幕降临，人们点燃篝火，载歌载舞，尽情欢乐，彻夜不散。跳舞也是节日的一个特点。一般来说，霍利节舞都与黑天大神的生平事迹有关。这种舞蹈起初缓慢，逐渐增快，转而达到疾速的程度。在北方邦、比哈尔邦和拉贾斯坦邦，主要由男子来跳，女角也由男人装扮。在哈里亚纳邦，霍利节舞则由妇女来跳。她们围成一圈，边唱边跳，舞速逐渐加快，跳舞的圈子也随之扩大。然后，一两名女子来到圈子中间，跳起欢快的双人舞，此时伴唱的歌词中带有调笑和逗乐的成分。印度教教徒把洒红节看作是表达人与人之间亲密感情的日子，在节日期间人们抛弃种姓或教派之间的恩怨，大家一起欢乐，普天同庆。

印度的洒红节很早就传到缅甸，在缅甸盛行。后来，又从缅甸传入我国，我国云南省傣族流行的“泼水节”，据说就来源于印度洒红节。

二、灯节

灯节（Deepavali），又称胜利节，是印度最盛大的全国性节日。印历每年八月（相当于公历 10—11 月）三十日举行，为时三天。

有关灯节的来历，众说纷纭。通常的说法是：在这一天，司掌人间财运的吉祥天女——拉克希米，要从天界下凡，巡视人间。她的慧眼所至，财运就会降临，因此人们纷纷点起灯笼，吸引她那法力无边的目光，以求招财进宝、吉祥如意。另一种说法是：罗摩大神在这一天战胜了十首魔王罗波那，救出了妻子悉多，结束了14年的流浪生活，返回京城阿踰陀。京城的百姓为了庆祝罗摩的胜利，张灯结彩，欢庆罗摩凯旋。还有一种传说：魔王纳尔松曾经残酷地统治人间，人们请求黑天大神拯救他们。黑天就是在这一天战胜了魔王纳尔松，把人们从暴政中解救出来，因此人们把这一天当作胜利节来庆祝。

抛开这些神话传说，事实上印历八月正是雨季之后，收割稻米玉米的时节，古代人民举行盛大的灯火仪式，以欢庆五谷丰登——这才是灯节的真正起因。那些神话传说只是给这个节日披上了一层宗教的神秘面纱。

灯节是印度最热闹的节日。一般从印历二十八日就开始庆祝，这一天要给主管地狱的阎摩王点灯，相传阎摩王用灯光清除污秽和驱赶蚊虫，使人们免除疾病。第二天点灯，是为了帮助黑天大神驱魔降妖。第三天，即三十日，庆祝活动达到高潮。各家的墙壁粉刷一新，门前用米粉画上各种吉祥的图案，庭院、门前、阳台以及街道两旁的菩提树上，都装饰上五颜六色的彩灯。人们穿上节日的盛装，额头点上吉祥痣，笑逐颜开；孩子们放焰火鞭炮，嬉戏街头。按照传统，此日的白天要戒斋，只有到傍晚点灯之后，才能进餐，吃各种甜食和佳肴美餐。灯节的夜晚是最美丽壮观的，家家户户、门前屋后，都点亮各种各样的彩灯，有的摆放、有的吊挂、有的成串、有的成片，五彩缤纷，明珠四射，宛如一个灯的海洋。繁华的街道，用彩灯搭起的天棚一个接一个，在长街上漫步，仿佛遨游在繁星闪烁的银河之中。此时，大人领着孩子纷纷走出家门，参加各种庆祝和游艺活动，包括歌舞、戏剧、奏乐、演唱、拜灯等。人们相信，拜灯可以使人消除罪过，获得功德。

灯节现在已经超越宗教的范围，成为全印度人民的节日。其规模之盛大、庆祝之隆重，犹如我国的春节和西方的圣诞节。

三、十胜节

十胜节（Dasahara），亦称“除十节”。在印历八月（公历10—11月）初一至初十举行，接连庆祝十天，属于印度全国性的节日。

此节的来历有两种说法。一种说法是：印历八月初一这一天，罗摩大神在神猴哈奴曼的帮助下，向十首魔王罗波那占据的楞伽岛发起进攻，一共战斗了十天，终于攻克城堡，杀死魔王。为了欢庆罗摩所取得的胜利，人们把八月初一至初十作为节日，故称“十胜节”。另一种说法认为，此节来源于古代对河川女神的祭祀，后来演化为对恒河的崇拜。在印度教教徒看来，秽语、谎言、诽谤、骚语、盗窃、暗杀、盲从、贪欲、恶念和愚妄是十种罪恶。人们要消除这十种罪恶，就必须到恒河中去沐浴，沐浴时要口念咒语，渡水十次，并向婆罗门布施谷物十碗等。因此，此节又称“除十节”。

现在，印度人主要把十胜节作为欢庆罗摩胜利的节日，一连庆祝十天。头九天，到处搭台演戏，演戏的内容从罗摩出生、拜师、结婚，一直演到森林流放、攻占楞伽、消灭罗波那、救出悉多、凯旋为止。演戏前，有的地方还用牛车或象车载着演员游行，前有乐队开道，后有善男信女簇拥。孩子们装扮成戏里的猴兵猴将，奔前跑后，满街欢腾雀跃。第十天是节日的高潮，这一天要焚烧十首魔王罗波那的纸人，象征罗摩的彻底胜利。人们在广场上搭起三个巨大的纸人，每个有十几米高，龇牙咧嘴，面目可憎。中间最高的一个代表罗波那，左右两个代表同他一起作恶的他的兄弟和儿子。它们身上糊着大红大绿的纸衣，身体内装有许多易燃的鞭炮。仪式的开始，是一个扮演罗摩的演员，跳罗摩战胜罗波那的那一段舞蹈。舞蹈很长，只等到太阳刚要落山的一刹那，罗摩弯弓劲射，一支带火的箭向魔王罗波那射去，正射中那个纸糊的庞然大物。只听“轰”的一声，罗波那体内的爆竹爆炸。顿时，火光四起，烟花腾飞，三个恶魔周身起火，不一会儿便倒塌了。围观的人们欢呼雀跃，拍手称快，使节日的气氛达到最高潮。

罗摩在印度人的心目中享有崇高的地位。无论是欢乐时，还是悲伤时，他们嘴里总是不断地默诵“罗摩，罗摩，罗摩”。印度人通过十胜节欢庆罗摩的胜利，一方面是崇敬罗摩的高尚人格和不惧艰难的精神；另一方面也深信，正义必将战胜邪恶，好人终究会有善报。

四、财神节

印历六月（公历 8—9 月）八日至二十四日，为印度的财神节。吉祥天女拉克希米被印度人奉为财富女神，她是家庭兴旺、社会繁荣、国家富强的象征。据说，祈祷在她的护佑下，可以使家庭招财进宝、人畜两旺。因此，印度人几乎家家户户都在家中设置拉克希米的神龛，祈求她的保佑。

节日的第一天，人们起床后，要洗 16 次手和脸，拿着由 16 股线拧成的绳，向拉克希米女神像敬礼。然后，在绳上打 16 个结，供上香、灯和鲜花，再对女神礼拜。礼拜后，把绳戴在右手上，听祭司讲有关拉克希米的故事。这样的活动一连庆祝 16 天。到二十四日那天清晨，人们沐浴后，先要敬拜财神像，再把 16 股线供奉在神像之前。敬拜神灵后，再去礼拜婆罗门祭司，把用面粉做成的 16 盏灯，连同各种供品一起布施给他们。此后，人们纷纷走出家门，来到街上参加各种各样的庆祝和游艺活动，直至深夜。

五、扎格纳特游车节

扎格纳特游车节是属于印度一个宗教派别的节日。该派信徒崇拜毗湿奴的一个化身——扎格纳特大神，每年都在奥里萨邦的普里市举行一次盛大的扎格纳特游车节。在节日中，参加人数之多、场面之盛大、气氛之热烈、信徒之虔诚，都是其他印度节日所无法比拟的。故而，此节不仅在印度，而且在世界其他地方都特别有名。

扎格纳特游车节，在每年印历四月（相当于公历 6—7 月）初二举行。按照神话传说，扎格纳特大神在沐浴之后，喜欢乘车出外游玩，因此人们在其沐浴后的第十五天举行游车节。该派信徒认为，凡是朝拜车上扎格纳特神像的人，灵魂可早日升天；凡能拉着神车向前多走一步者，都可多得一份善果。在这种愿望的激励下，每年都有几十万信徒参加游车节。另外，节日期间，还吸引了大量印度各地的朝圣者和海外旅游者来此观光，这更加提升了此节的知名度。

游车节的那一天，教徒们把粉刷一新的扎格纳特神像放在数米高的神车上。神车有16个铁轮，每个轮子都挂着精美木偶。神车的中部设有祭坛和顶篷，四扇门装饰着各种彩色图案，上边飘动着约56厘米长的旗帜。神车启动时，信徒们要向婆罗门布施食物，吟唱扎格纳特的颂歌，并且环绕神车转七圈，高声欢呼。神车在数万人的簇拥下在路上缓缓前行，一直驶向远在郊外的扎格纳特大神的离宫。神车到达离宫后在此停放七天，供信徒朝拜。第八天休整，第九天再返回，又称“反游”，其场面与“出游”同样壮观。虔诚的教徒深信，只要见到扎格纳特的神像，就可免受轮回再生之苦。其中有些狂热者为了表达自己的虔诚，甚至投身于扎格纳特神车之下。据说，每年游车节期间都有信徒葬身于神车之下。

六、蛇节

印历五月（公历7—8月）初五，是印度的蛇节。印度人崇拜蛇，把蛇视为一种神圣之物。他们认为在人体中潜伏着一种盘卷力，或叫蛇力，修习瑜伽时这种力量能够释放出来。在印度的神话传说中，蛇常常作为一种护卫神，许多大神都由蛇神陪伴着。毗湿奴大神就躺在千头眼镜蛇塞沙的背上，漂浮在原始的大海之中。湿婆大神的化身——林伽，也常常被群蛇或一条蛇所盘绕着。对蛇的崇拜，在西孟加拉邦和南印度的一些地区相当盛行。在马德拉斯和南印度的一些地方建有许多蛇庙，数以万计的崇拜者经常来蛇庙朝圣。

每年印度各地都举行蛇节的庆祝活动。但是，唯有马哈拉施特拉邦一个小村庄的蛇节最为出名。这个村庄的名字叫“雪拉拉”，它位于孟买市东南400千米处。每年都有成千上万的朝圣者和游客涌向这个偏僻的小村庄，观看世界上最富有戏剧性、最神奇的礼拜仪式。

传说在很早以前，湿婆大神曾装扮成陌生人，路过雪拉拉村。村民们热情地请他到茅舍中做客，共享简朴的饭食。村民的友善与好客，感动了湿婆，湿婆显出了原形，坚持要赠送村民一样礼物。族长想到稻田每年都受到成千上万条眼镜蛇的侵害，许多人被毒蛇咬死，因而请求湿婆施降法力，使他们世代免受蛇害。湿婆大神答应了他们的请求，随即消失了。从那以后，这里的蛇真的改变了习性，不再伤害人。雪拉拉的村民则与田野里的蛇和睦相处，他们常常把蛇捉住，向它们供奉鲜花、稻米和牛奶，然后再将它们释放到田中。

每年蛇节的前一天，村里的妇女们必须禁食，祈祷并清扫房舍。男人们则到森林或田野中捕蛇，他们把捕来的蛇用鲜花装扮起来，给它们涂上紫檀色的油膏，喂它们牛奶。孩子们微笑地观看这些毒蛇，毫无惧色地用手拿来拿去，甚至让它们缠绕在自己的脖子和手臂上。

节日那一天的清晨，全村人列队游行。他们举着旌旗，吹着螺号，敲锣打鼓，朝湿婆神庙行进。到了神庙，男人们把装在罐里的蛇放出来。千百条各种各样的蛇在湿婆神像前轻轻地摆动着身体，摇头晃脑，蜷曲的身体在晨曦下熠熠发光。从庙里出来，村民们来到村外的草地上，把装在瓦罐里的蛇再次放出来。在绚丽的阳光下，这些圣物或探首摆尾，或翩翩起舞。妇女们把满盘的牛奶、花瓣供奉给它们。她们弯下身子，用花朵轻拂蛇头或用彩色的香粉扑撒蛇身……一直到夜幕降临，庆祝活动才结束。 村民们把所有的蛇又都放掉，让它们返回自己的洞穴或稻田，以待来年的蛇节。

印度的节日五花八门，种类繁多。说是节日，其实就是群众性的公共祭神活动。除上述节日外，印度还有许多节日，如印历正月十五的神猴哈奴曼诞辰节、三月十四日的毗湿奴大神转世节、三月十日的恒河女神下凡节、三月三十日的莎维德丽节（又叫妇女节）、六月四日的象头神节等。虽然这些节日在规模上不如上述节日那样隆重，但是它们在印度人的生活中仍然有十分重要的意义。

第二节　独特的习俗

印度人的习俗，是指印度人在特定的生存条件和宗教环境下形成的风俗与习惯。这些风俗和习惯，有许多已经被宗教制度化或戒律化了，从而成为他们宗教生活中不可分割的一部分。

一、视牛为神

凡去过印度的人，都会见过这样的情景：在德里繁华的大街上，随处可以看到白色的“神牛”，有的在穿梭来往的车辆中漫步，有的躺卧在街心闭目养神，从它们身旁经过的汽车，都得放慢速度，小心翼翼地避让。“神牛”信步走到民宅的门前，虔诚的印度教主妇一定会拿出甜美的食物，奉献到牛的面前，让它慢慢地咀嚼。因为她们深信供奉“神牛”将会得到善报。在一些地区，每年都举行敬牛节。节日那一天，信徒们把牛清洗得干干净净，在牛身、牛角和牛蹄上用染料画上美丽的图案，然后给牛的脖子套上用鲜花编制的五颜六色的花环。各家各户牵着自家的牛，聚集到一起，敲着锣鼓，唱着歌曲，一同到街上游行。

印度教教徒爱牛敬牛，视牛为神的习俗是举世闻名的。无论在世界近代史，还是亚洲近代史的教科书上，都有这样的记载：1857年印度民族大起义的直接导火线，就是因为英国殖民当局发给印度士兵的子弹的包装纸上涂有牛油。英国人的这种蔑视印度教习俗的举动，激怒了印度教士兵。印度教士兵视牛为神，绝对无法容忍这种亵渎神灵的行为。因此，印度教士兵手捧恒河之水，发誓要消灭英国殖民者。在孟加拉管区的印度士兵中，首先爆发了拒绝使用涂油子弹的骚乱，继而引发了印度全民族的大起义。

印度教敬牛爱牛的习俗，源远流长。早在公元前1500年的梨俱吠陀时期，来到印度河流域的雅利安人，并没有摆脱游牧民族的风气。他们虽然开始农业耕作，但是仍然从事畜牧业。他们牧养各种牲畜，如牛、马、羊等，但对牛特别珍视，把牛视为最主要的财产。家庭财产的多少，是以牛的头数来计算的。进行一场部族战争的目的，也往往是为了争夺对方的牛群。在市场上，牛是贵重的商品，许多贸易都是以牛为计价标准的，换句话说，牛在当时起着货币的职能。

牛，在人们的生活中有十分重要的作用。一个家庭，有了牛，生活就有了保证，牛越多，生活越富足。另外，雅利安人有喝牛奶、吃奶酪的习俗，他们离不开牛奶，除了每天喝奶，还用奶制作奶茶、蛋糕和各种甜点心。一个婴儿从小到大，一直靠喝牛奶长大，必然对牛产生了深厚的感情，甚至把牛视为自己的母亲，把牛奶视为母亲的乳汁。久而久之，这样对牛的珍爱和崇拜就演化为一种民族情感，并且被神圣化，上升为宗教情感。所以，在吠陀的赞歌中，牛常常被看作神圣的动物。

印度教教徒认为，牛身上的任何东西都是高贵的。譬如牛粪，印度教教徒把它看作是圣洁之物。他们把燃烧过的牛粪灰调成涂料，涂抹在身上或脸上，相信牛粪灰可以祛除自己体内和心中的污秽。在举行各种祭祀仪式之前，印度教教徒都要清洁祭坛的坛场。用什么东西来清洁坛场呢？他们一是洒水，二是用牛粪涂坛场。在他们心目中，只有牛粪才能保持坛场的圣洁。有的地方，人死后，用牛粪焚尸，为的是使灵魂及早升入天堂。有的地方，把牛粪泡成水，洒在地上，以保持地面的圣洁。

另外，还有所谓的“牛五样”，即牛奶、凝乳、黄油、牛粪、牛尿。这五种与牛有关的东西，在印度教教徒心中都是圣洁的。凡是违反了教规或种姓规则的教徒都要受到惩罚，并且要举行赎罪仪式。在赎罪仪式上，违反教规者必须要吃一种用“牛五样”混合制成的“神圣食品”。他们认为，只有吃了“牛五样”，才能够赎罪，才能真正净化自己的灵魂与肉体。在这方面，《摩奴法典》有明确规定：“吃牛尿、牛粪、牛奶、酸牛奶、酥油和吉祥草水，并且绝食一天，相传为温难赎罪苦行。”

在各种牛中，印度教教徒把白色的牛视为最神圣的，尤其是白色的母牛。印度教这种敬牛的习俗一直保持至今。在现代印度社会中，经常因为牛的问题，引起教派冲突。印度教规定：禁食牛肉，宰杀或虐待牛是一种犯罪。因此，人们常常可以看到，一些“神牛”在大街、车站或广场上自由自在地行走，在田间地头啃食庄稼，而无人进行干预。但是，穆斯林并不崇拜牛，每年伊斯兰教宰牲节期间，穆斯林都会宰牛杀羊，相互馈赠，隆重庆祝。由于对牛的态度不同，在一些穆斯林与印度教教徒混合居住的地区，经常因为宰牛而发生宗教流血冲突。印度独立后，印度教一些社团曾多次组织教徒举行大规模的游行示威，强烈要求政府制定法律禁止杀牛。由此不难看出，尊重宗教和民族习俗是何等重要。

二、恒河沐浴

“恒河沐浴”的习俗，在某种程度上，已经成为印度教的标志或代名词。一提到“恒河沐浴”，人们就会自然地联想到印度教和印度教教徒。因此，在这里有必要谈一谈“恒河沐浴”的起源。

沐浴的习俗，早在公元前2000多年的印度河流域文明中就已经出现。沐浴是当地达罗毗荼人的一种习俗。根据摩亨佐达罗城市遗址的考古发现：当时，不仅民宅中已经有水井和浴室设施，而且在城市的中央还建有一个大型的公共浴室。浴室的中心，是宽大的长方形浴池，两边建有砖梯下到池内，另外还具备供水、排水和储水的设备。因此，考古专家判断，这种大型浴室已经不是简单的生活设施，而是公众举行“净身”宗教仪式的场所。这说明，4000多年以前的印度先民，就已经有了把沐浴身体与举行宗教仪式结合起来的习俗。当然，这和当地炎热的气候条件也不无关系。

后来，雅利安人进入印度，创立了婆罗门教，也接受和继承了达罗毗荼人沐浴净身的习俗。这种习俗一直延续至今，现在印度教的寺庙中通常都有浴池的设施。人们在此沐浴，不仅是为了清洁身体，而且更重要的是为了洗涤身心中的污垢和罪孽。在印度教教徒看来，只有净洁的身心，才能与神接近、与神交流，获得神恩。

印度教教徒认为，恒河是来自天堂的河，恒河水是神圣之水，它能够清洗和荡涤人的身心罪过。另外，恒河中也包含着长生不老的甘露之水，喝了它，能使人多福长寿。因此，用恒河的圣水沐浴身心，或者喝上几口恒河水，则是印度教教徒一生最大的企盼和追求。印度教教徒的这些观念，并不是空穴来风，而是来源于印度教的各种经典和神话传说。

根据史诗《摩诃婆罗多·森林篇》的传说：恒河原来是天上的银河，并不在地上流淌。古代，有一个国王，为了使自己祖先的灵魂早日升到天堂，便想用天上银河之水来洗涤祖先的罪垢。为此，他放弃王位，终日苦行，以祈求湿婆大神把天上的银河引到地面上来。后来，国王的行动终于感动了湿婆大神，他答应了国王的请求。要使天上的银河水流到大地，并不是一件容易之事。湿婆为了减缓天上之水的冲力，首先让银河水流到他的头顶，然后分成三支，顺着自己的头发，缓缓地流到大地，变成了地上款款而行的恒河。那个祈求湿婆大神的国王，真正用恒河之水洗涤了他祖先的骨灰，故使其祖先的灵魂升入天堂。出自《摩诃婆罗多》的这个神话故事，世代相传，影响甚广。故使印度教教徒相信：到恒河中沐浴，用恒河水净身，可以清除身心的污秽和罪垢，能够净化灵魂，使灵魂早日升天。

根据《摩诃婆罗多》另一个著名的神话传说——“搅乳海”的故事（上一章已述），因陀罗大神之子——杰因德化作一只大鹏金翅鸟，带着盛满甘露（长生不老之水）的罐子，飞向天堂。在飞翔中，由于阿修罗的追赶，杰因德不慎将甘露罐中的甘露水漏出了几滴，分别落在四个地方的恒河水之中。这四个地方是：阿拉哈巴德、哈德瓦尔、乌贾因和纳西克。后来，这四个地方就成为举行“贡帕庙会”的四个圣地。所谓“贡帕”，是指盛甘露的罐子；“贡帕庙会”，实际上就是印度教教徒在落下甘露的恒河岸边进行沐浴的盛大集会。因此，贡帕庙会，又称为“沐浴节”。印度教教徒认为，这四个地方的恒河之水，不仅是天上的银河之水，而且含有能使人长生不老的甘露水。所以，他们到这些地方来沐浴，一是用恒河水洗涤身心污秽、净化灵魂；二是饮用这里的恒河水，期盼长生多福。因此，在每届贡帕庙会上，都有数十万，甚至上百万的海内外印度教教徒，来到这些圣地，进行恒河沐浴。许多信徒甚至用铜壶、瓦罐等将恒河的圣水带回家去，珍藏起来，以备在举行其他宗教仪式中使用。其实，即使不在贡帕庙会期间，在平时，也有大量的印度教教徒来到恒河岸边沐浴。

古代先人的沐浴习俗，再加上宗教经典和各种神话传说的宣传，久而久之，便形成了今天印度教教徒的“恒河沐浴”之风。

第三节　别具一格的服饰和饮食习惯

印度妇女最有特色的衣装是“纱丽”。纱丽，实际上是一块长 6 米左右的布或丝绸，从腰部缠起，最后披在肩上或蒙在头上。这种披戴方法至少有两千年的历史了，史诗《摩诃婆罗多》就曾提到过纱丽。从质料上看，纱丽有丝

绸的、纱的、布的，还有尼龙的；从图案制作方法上看，有印花的、手绘的；从颜色上看，有浓艳的、素雅的。纱丽的穿戴方法，各地都有各地的特色。有的从两腿之间穿过，有的穿起来好像长袍。下半身打折也有许多讲究，里面有宽窄繁简之别。穿上纱丽的妇女，优美典雅，大方舒适，尤其在微风吹拂之下，披在肩上的纱丽迎风飘动，显得格外美丽。穿纱丽的妇女，上身都穿名为“杰莫帕尔”的紧身胸衣，下身穿叫“贝蒂果尔”的衬裙。

印度男子的传统服装叫“托蒂”。托蒂，实际上是一块缠在腰间的布，有的带滚边，有的不带滚边。上身穿肥大的，长至膝盖的印式衬衣，名为“古尔达”。在古代，男子穿的长衣，叫“恰达尔”，只披在一个肩上。

头巾和头饰也是印度男子服装的一大特色。一块头巾，有各种色彩的，缠法也是各式各样。有的甚至插上五颜六色的羽毛，十分好看。由于印度气候炎热，夏天气温有 40 多摄氏度，因此印度服装总的特点是简易素朴、凉爽透气。

印度男女都有佩戴饰品的习俗。特别是妇女，除了戴耳环外，还戴项链、手镯、臂镯、脚镯、脚铃等，腰间还系一条作装饰品的腰带。富人的首饰，多是用金、银、宝石或象牙制作的；穷人的首饰，往往是用铜、贝壳或陶瓷制成的。有些地方，印度男子也喜欢戴耳环、项链、戒指或手镯等。

在饮食习惯上，印度人也有自己的特点。他们禁食牛肉，以吃羊肉为主，吃鱼肉、家禽肉、猪肉为辅。由于各地的自然条件和生产的谷物不同，南方人一般以大米为主食，北方人以小麦、玉米和杂粮为主食。总体上说，食素者为多，食荤者较少。一些虔诚的食素信徒，对自己要求非常严格，一年到头不仅不食肉，甚至连一个鸡蛋也不吃。

在吃饭时，印度人大多使用盘子盛饭菜，用右手抓食。他们用右手的三个手指——拇指、食指和中指，不但能吃米饭，而且还能把菜与米饭搅拌在一起，抓起送入口中，甚至连稀粥也能抓入口中。但是，他们绝对禁止用左手抓食，因为印度人习惯在大便之后用左手清洁。在印度教教徒看来，右手清洁，左手肮脏，所以他们只用右手接送食品或礼物，而忌用左手。这一点，在印度南北方都是一致的。

第十二章　现代印度文学

文学从古至今都是印度人民喜闻乐见的一种文化形式。到了现代，印度出现了一大批著名的诗人、剧作家和小说家，他们的作品对民众产生了巨大的影响。这些文学作品一方面批判了残酷的殖民统治，揭示了社会的各种弊病；另一方面也描述了祖国的美好未来，增强了民众的民族自信心，鼓励人民为争取自由、平等和独立而斗争。

第一节　伟大诗人泰戈尔的文学成就

泰戈尔（Rabindranath Tagoer，1861 年—1941 年）出生于当时印度的孟加拉省，他用孟加拉语写作，因此是现代孟加拉语文学最杰出的代表。泰戈尔知识广博、多才多艺、探索和创作精神过人，他不仅是一位诗人、小说家、剧作家，而且是艺术家和哲学家。1913 年，泰戈尔因诗歌《吉檀迦利》而获得诺贝尔文学奖，从而闻名亚洲和世界。泰戈尔许多文学作品被翻译成多种文字，在世界各地广泛传播。他的作品也被译成中文，对中国人，尤其是对中国的知识界和文化界，产生了很大的影响。

泰戈尔创作时间长达 60 多年，在文学的各个领域都取得了惊人的成果。

他创作了50多部诗歌集、12部中长篇小说、90多篇短篇小说、20余种戏剧，同时还撰写了大量的散文、杂文等作品。后人把他的作品收集起来，出版了二十九卷本的《泰戈尔文集》。由于泰戈尔在文学上的巨大成就，因此人们称他为“印度文学史上的巨匠”“世界文学史上的大师”，印度人还尊称他为“诗圣泰戈尔”。

在泰戈尔的文学成就中，最有代表性的是他的诗歌作品。中国人最熟悉的也是他的诗歌。从20世纪20年代以后，泰戈尔的诗集就被陆续翻译成中文，开始在中国广泛流传。其中主要有：《吉檀迦利》（谢冰心译）、《新月集》（郑振涛译）、《飞鸟集》（郑振涛译）、《园丁集》（谢冰心译），以及其他一些诗歌选集。例如，《新月集》共收集了37首儿童诗。泰戈尔一向热爱儿童，关心儿童的成长。他的儿童诗具有感人肺腑的力量，给读者带来童年的欢乐、美好的回忆和对未来的美丽遐想。此诗集被公认为世界儿童文学的精品。中国的大文豪郭沫若先生在日本留学时，偶然读到《新月集》，就“生出惊异之感”，觉得诗篇太感人了，故迅速把其中一些诗译成中文，介绍给中国读者。

泰戈尔诗歌的代表之作是《吉檀迦利》，此诗集共收集了103首诗歌。“吉檀迦利”在孟加拉语中的意思是“奉献之歌”，泰戈尔要把他的诗歌“奉献”给谁呢？当然是奉献给他心目中的神（包括自然万物、自己的祖国等）。泰戈尔是一个泛神论者，在他看来，宇宙万物（包括天地、山川、草木、鸟兽等）都是神。在他的诗歌中。经常把宇宙的最高创造之神称为“梵”“上帝”“父亲”“爱人”等。这个神不仅创造了万物的生命，创造了世界的和谐，而且其本性是“真善美”。《吉檀迦利》虽然歌颂大自然的和谐，歌颂山川之美，但也充满着诗人对美好未来的憧憬和对祖国的热爱之情。如诗集第三十五首诗写道：

在那里，心是无畏的，头也抬得很高；
在那里，知识是自由的；
在那里，世界还没有被狭小家园的墙隔成片段；

在那里，话是从真理的深入说出；
在那里，不懈地努力向着“完美”伸臂；
在那里，理智的清泉没有沉没在积习的荒漠之中；
在那里，心灵是受你自己的支配，走向那不断放宽的思想和行为——
走进那自由的天国，我的父啊，让我的国家觉醒起来吧！

这首诗充分表达出身处英国殖民统治下的泰戈尔，对平等自由的追求，对祖国未来美好的渴望。在这八句诗中，作者以高屋建瓴之势，一口气用了七个比喻组成的排比句式，抒发了对祖国的挚爱深情，犹如高山流水，一泻千丈，将他的爱国情怀和盼望祖国美好未来早日到来的急迫心情表现得淋漓尽致。

《飞鸟集》是诗人在平时头脑中时而闪现的各种思想、感触、意念记录下来所写成的短诗。这些诗的特点是短小、简洁、寓意深刻，一般是两三句，最长不过四五句。但从内容来看，《飞鸟集》包罗万象、纷繁杂陈，几乎涉及生活的各个领域：社会、人生、爱情、道德、美丑等。大体上划分一下，这些诗可分为三类：第一类是诗人对社会文艺的深刻剖析，表现出对权势者恶行的谴责和对被压迫者的同情。第二类表现诗人的博爱情怀，他认为世界应当充满爱，人与人之间应当相爱，这样生活才会变得和谐美好。第三类则表现诗人对现实生活中各种问题的见解。例如，他认为一个人应当有谦逊的品德，不应当炫耀自己的功劳期图报答；他认为真理和错误的关系是相辅相成的辨证关系等。在艺术手法上，《飞鸟集》的最大特点是比喻精当、语言凝练。诗人所用的比喻生动、新奇、贴切，这些比喻将深邃的哲理以通俗的形式表达出来，以形传神，余韵悠远，给人以丰富的想象余地。

在小说方面，泰戈尔最有代表性的长篇小说是《戈拉》。《戈拉》撰写于 1907 年—1909 年，被认为是印度近代文学史上批判现实主义的奠基作品。这部小说反映了 19 世纪七八十年代印度社会广阔的生活画面，塑造了一个具有民族主义思想的知识分子的生动形象，歌颂了这些民族主义者的爱国热情和对祖国解放的必胜信念，同时也批判了印度教教派主义的偏见和复古主义的错误。戈拉是小说的主人公，他是印度早期民族主义者的典型。他对祖国倾注了满腔热情，随时准备为祖国献出自己的财富和生命，对自己的人民更是情同手足，但是一想到印度人民还处在“饥饿、贫穷、痛苦和受辱”的境地，他就心急如焚。他与英国殖民者势不两立，同他们进行面对面的斗争。他嘲笑那些迷信西方文明的印度人，把他们视为忘宗背祖的洋奴。戈拉爱憎分明、嫉恶如仇，没有丝毫奴颜媚骨，在他身上表现出具有反抗精神的殖民地人民的可贵品质。同时，小说也反映了这些爱国知识分子在当时那种痛苦、彷徨、看不到光明前途的复杂心理状态。

在写作手法上，小说《戈拉》也是深刻思想性与完美艺术性的结合。这是一部反映社会心理的小说，它主要的特点是写人物的思想冲突和论争，作者善于用对话描写人物的性格。泰戈尔本来是写景和抒情的高手，但是在这部小说中写景和抒情却很少，更多的是将叙事、议论和抒情熔于一炉，以哲理和激情取胜，从而使作品具有一种感人的理性力量。

在短篇小说方面，泰戈尔也是一位创作大师。英国著名的文学评论家汤森说，伟大的短篇小说使泰戈尔成了世界最伟大的小说家之一。泰戈尔自己对他的短篇小说宠爱有加，称之为自己的宠儿。他的短篇小说创作贯穿于他的整个创作生涯。1891 年—1895 年是泰戈尔短篇小说创作的第一个高潮期。那时泰戈尔生活在农村，定居在流经舍利达家园附近的泊德姆河边的一条舟上，泛舟河上，任意东西，饱览了湖光山色，接触了乡村社会，目睹了农民贫困饥馑，被剥削、压迫的现实。这种生活和观察为作家提供取之不尽的创作源泉。他说：无论什么地方也没有像这里一样，有使我产生了强烈的创作愿望和情绪，以及外部生活的体念。喧哗的绿色浪涛，不断涌入我的心房。它的芬芳，色彩和音调在我想象里化成为短篇小说。泰戈尔短篇小说的强烈艺术魅力，在于它们的独特诗化艺术个性和风格，浓浓的诗意贯穿于每篇短篇小说中。《素芭》《邮政局长》是抒情诗，《泡影》《摩呵摩耶》是叙事诗，《饥饿石头》《客人》是散文诗。作品的诗意常用意味隽永的画面来呈现：“月亮落下，四周变得阴沉。我听见河里扑通一声。风在黑暗中咆哮着，好像要把天上星星都刮掉似的。这画面似乎阐述着古苏姆投河那种难以释怀的隐情的悲剧性。”

（《河边台阶》）这种诗化画面还常常伴有丰富色彩和音乐旋律："夕阳西沉，殷红的鲜血染红了朱木纳河，冷清清的暗蓝色夜空一弯残月散发出银色的幽光。"（《泡影》）"殷红的血色渲染战争残酷，银色的幽光暗示战争败绩。又如小潺微语，村人响声，艄公的歌声，鸟儿鸣叫，树叶声息，素都和素芭心跳糅合在一起。一部音色丰富多彩的大自然交响乐，反衬着女主人公被歧视的内心忧伤。"（《素芭》）泰戈尔还以赋物拟人手法，诉说感触和情思："河边台阶，凄凄切切，向人们诉说着古苏姆悲惨而短暂的一生。骷髅幻化成亭亭玉立少女，抒发着缠绵悱恻的幽情。饥饿的石头阅尽了人间沧桑和情欲煎熬，它像是位有生命的人，用自己肠胃的迷人津液，徐徐销蚀自己。"（《河边台阶》）泰戈尔还在《骷髅》《饥饿石头》等作品里大量运用梦境和穿越时空意识流现代小说创作手法，营造抒情的氛围，设置玄秘的隐喻或暗示，从而产生一种朦胧梦幻、无法言说的艺术境界。

因此，很多文学评论家将泰戈尔与俄国的契诃夫、法国的莫泊桑被并列为世界三位短篇小说的艺术大师。但是，这三位大师各有自己的特点：契诃夫以刻画人物的性格见长，莫泊桑以描绘社会世态见长，而泰戈尔则以抒发人物的情感见长。

1981 年是泰戈尔诞生 120 周年。在这一年，为了纪念这位伟大的文学巨匠，中国南亚学会和中国外国文学学会联合在北京举办了"泰戈尔文学研讨会"。不久，中国对外友协会又召开了有中外文化名人参加的"泰戈尔纪念大会"，会上中国社会科学院汝信副院长和中外友协会会长分别作了主旨报告。这两个大会再次掀起了中国研究和翻译泰戈尔文学作品的高潮。而且，这一次比 20 世纪 20 年代掀起的第一次高潮更全面、更系统、更有学术水平。自 1981 年以后，中国有 20 多家出版社出版了泰戈尔的作品。它们出版了《泰戈尔传》《泰戈尔论文学》《心笛神韵》《饥饿的石头》《生活回忆》，以及 24 卷本的《泰戈尔全集》（刘安武、倪培耕等主编）。20 世纪 20 年代和 80 年代在中国两次掀起研究和翻译泰戈尔文学的高潮，应当说，这是中印文学交流史上的两大盛事。1982 年，为了加强对印度文学的研究，"中国印度文学学会"正式成立，季羡林被选为会长，倪培耕担任秘书长。此后，在中国每两

年召开一次全国性的印度文学研讨会，并且创立了《印度文学研究集刊》，这使中印文学交流跨入了一个新的阶段。

第二节　印地语文学的杰出代表——普列姆昌德

普列姆昌德（Premchand，1880 年—1936 年）是著名的印地语小说家、现代印地语文学的代表人物。他出生于印度教圣地瓦拉纳西附近的一个小村庄，父亲是邮递员，幼年丧母。他以顽强的毅力刻苦学习，一面做家庭教师，一面求学，最终完成了高等教育。此后，长期从事教育工作。1921 年积极投入甘地领导的“非暴力不合作运动”，而辞去公职。1907 年就开始了文学创作，1918 年发表第一部长篇小说——《服务院》而出名。此后，他陆续出版长篇小说《仁爱院》《舞台》《贪污》《圣洁的土地》《戈丹》《圣线》等。他还写了 200 多篇短篇小说，后汇成一个短篇小说集《圣湖》（八卷本）。

普列姆昌德是现代印度现实主义文学的代表，他笔下的人物都是现实生活中活灵活现的人。他揭露英国殖民统治的残酷、封建宗教势力的愚昧与无情，对广大下层民众给予深切的同情和热爱。在创作手法上，他采用白描的手法塑造了典型人物，具有极强的艺术感染力。长篇小说《戈丹》是他的代表作。小说描述了一个负债累累的农民为了生存而苦苦挣扎的故事。主人公何利一直想买一头奶牛，因为奶牛是印度人吉祥的象征，但是他没有钱，就只能从牧人那里赊到一头奶牛。何利的弟弟嫉妒哥哥一家的欢乐，毒死了奶牛，而远走高飞。何利为了面子，欺骗了警察和头人，还借了高利贷，买通了他们。何利的儿子和一个寡妇相好，寡妇怀孕后，何利好心收留了这个寡妇，但是这样做则违反了印度教的种姓教规。何利只好借高利贷交罚款，以求不被开除种姓籍。由于还不起高利贷，何利家的耕牛也被拉去抵债。最后，何利只好靠给别人帮工过日子。不久，何利劳累而死。按照印度教的教规，死后必须行“戈丹”仪式，此仪式就是要请婆罗门祭司给死者“净化灵魂”，同时要用一头牛作为报酬给祭司。这样，何利一生辛辛苦苦所积攒下来的二十个“安那”，就作为给祭司的报酬，落到了婆罗门祭司手中。小说以现实主义的手法，深刻批判了印度农民所受到地主、高利贷主和宗教势力的各种压迫和剥削，反映出作者对当时印度社会的强烈不满，也反映出他对穷苦大众的深切同情。

普列姆昌德奠定了印度文学现实主义写作方法的基础，为民族文学的发展和繁荣做出了杰出的贡献。1936 年，他被选为印度进步作家协会的主席。从 20 世纪 50 年代起，普列姆昌德的小说就被介绍到中国，他的长篇小说《戈丹》《舞台》《仁爱院》等都陆续翻译成中文，被越来越多的中国人所熟悉和了解。

第三节　乌尔都语诗人伊克巴尔

伊克巴尔（Muhammad Iqbal，1877 年—1938 年）是印度乌尔都语文学的杰出代表、著名的诗人和哲学家。他出生于穆斯林家庭，从小学习阿拉伯语、波斯语和乌尔都语。1895 年，考入拉哈尔大学攻读哲学。1905 年赴英国，后到德国留学，获得慕尼黑大学哲学博士学位。1908 年归国后，在拉哈尔大学任哲学教授，此后开始诗歌创作，并参加各种社会政治活动。

伊克巴尔代表性的诗集是《自我的秘密》和《无我的秘密》，它们被认为是最富哲学思维的诗篇。在这些诗歌中，提出了“自我”和“无我”的哲学概念，强调应当重视人自身的价值。他认为宇宙生命的最高形式就是人，人的最高形式是“自我”。他用伊斯兰教苏菲派修炼的最高境界比喻个人与民族、个人与集体的关系，这种关系就像“一滴水汇入辽阔的大海中”。他主张一个人只有将个人的“自我”融汇到民族的、集体的“自我”之中，他才能成为尽善尽美的“完人”，这样才能实现自己的人生价值，才能促进社会的进步。

此外，伊克巴尔还创作了 10 部诗集，重要的有《驼队的铃声》《东方的信息》《永生记》和《杰伯列尔的羽翼》等。在这些诗歌中，充分地反映出伊克巴尔作为一个爱国主义诗人反对殖民统治、批判西方民主、同情民众疾苦的强烈感情。

在批判西方所谓的民主时，他在诗中写道：

在西方民主制的背后，曾有一时，
没有别的，只有皇帝的声音，
专制魔王穿着民主的外套在舞蹈。

在另一首诗中写道：

一人得利，千百万人死亡！
什么科学、哲理、策略、政府，
唱的是平等，喝的是人血！
酗酒、淫逸、失业、贫穷，
欧洲文明的胜利品何止这些？

伊克巴尔同情民众疾苦，并鼓动人民起来战斗，他写道：

资本家从工人的血液中为自己造成一块明亮的红玉，
地主的压迫劫掠了乡村人民的田园，
唯一的办法就是革命！

他在一首诗中还呼吁：

全世界的穷人们，起来！
起来！醒来！
去震撼富人宫殿的基石吧！
用自己的信仰之火，
去温暖奴隶们的血液，

让那些卑小的雀儿去向兀鹫出击。
人民执政的时代已经到来，
把旧有的标记，统统刷掉。

以上这些富有战斗力的犀利语言，充分地表现出伊克巴尔反对殖民主义、反对剥削压迫、爱祖国、爱人民、爱自由平等的思想感情。

因此，伊克巴尔被誉为“民族诗人”“东方诗人”。

第十三章　多彩多姿的印度舞蹈

印度的舞蹈，最初起源于古代的祭神活动。人们为了取悦于神，便在神庙中培养了一批庙妓，在祭祀时为神唱歌跳舞。在长期的发展过程中，主要形成了四大流派：婆罗多舞派、卡塔卡利舞派、卡塔克舞派和曼尼普利舞派。虽然这四大流派各具特色，但又同出一源，有着许多共同的特点。

它们最大的特点就是以赞美神灵为主旨，题材和内容也都选自宗教经典中的神话故事或传说，如史诗《摩诃婆罗多》《罗摩衍那》和《往世书》等。假如你不了解舞蹈所讲的神话故事，那么，你就很难理解印度舞蹈的奥妙和深层含义。

另一个特点是印度舞蹈的“身体语言”特别丰富，尤其是手语花样繁多、变化莫测。据说，单手可以做出 28 种姿势，双手可做 24 种姿势。再加上头、颈、臂、腿和脚的配合，其姿势多得不可胜数。每一种变化的姿势都有其实际的意义，它代表着人的七情六欲和各种思想情感。还有的姿势则表示天地山水等自然现象以及白天和黑夜的变化。

还有一个特点是印度舞蹈还非常讲究手、眼、心、意的统一。简单地说，就是手势、眼神、内心所思、面部表情及身体其他部位的动作有机地结合在一起，从而充分表达跳舞者想要表达的思想意境。印度舞蹈要求以舞者的“身体语言”表现出 8 种“拉斯”。所谓“拉斯”，意指“味道”。这 8 种“拉斯”，分别指爱、诙谐、怜悯、英勇、恐惧、轻蔑、惊愕和安详。在每一种“拉斯”内，还有许多变化，比如，“爱”还包含神与人之间的爱、父母之爱、兄妹之爱、夫妻之爱和情人之爱等。

上述四大舞蹈流派，又称“四大古典舞蹈”，由于它们发源于不同的地区，发展的历程也不同，因此都具有自己的特点。

一、婆罗多舞

婆罗多舞是印度教最古老，也是流行最广的一个舞蹈流派，它起源于南印度的泰米尔纳杜邦。这种舞蹈最初产生于神庙中，当时大大小小的神庙里都培养了一些“神的女仆”。她们从小被送到庙里学习舞技，一生不结婚，唯一的使命就是为神献舞，求神欢快。后来，这种在神庙中跳的舞蹈，流传到社会上，就逐渐形成婆罗多舞这个重要的舞蹈派别。

婆罗多舞基本上是一名演员的独舞，台侧有五个人协助演出：一名舞蹈教师、一名伴唱歌手、一名木丹加鼓手、一名吹笛者、一名小提琴手（小提琴加入伴奏是近代才出现的）。婆罗多舞的主题主要是赞美毗湿奴、湿婆和黑天等大神。此舞的特点是在音调、节拍和表情上，相互保持和谐统一。它的内容共分六段：第一段是“序”，即向神祈祷。演出一开始，演员手指伸开，弯成荷花瓣状，双手合拢像一朵盛开的荷花，象征着把圣洁的荷花献给神。第二段是“音乐与步伐”，即演员在音乐的伴奏下，进行手势和舞步的纯舞蹈表演。第三段是“述说”，即演员随着音乐的节拍，有节奏地转动颈部和眼珠，十分具有特色和戏剧性。第四段是“叙事”，要求演员做一些模拟动作，来表述故事的情节。第五段是“表现”，此段舞蹈最长，由歌手在幕后唱颂神的赞歌，演员以面部表情和不同的手势表达内心情感，并配合变化的舞步，使整个演出达到高潮。第六段是“给尾”，主要以双脚动为主，舞步轻快，伴着节拍，不断加速，直到结束。

婆罗多舞必须要有伴唱，舞蹈演员根据伴唱歌曲的内容，表演不同的手势和动作。这种舞蹈能给人以造型典雅、动作洒脱、节奏明快、目光传神、手势变幻无穷的印象。

二、卡塔卡利舞

这个流派起源于印度西南部的喀拉拉邦，主要流行于印度南方各邦。此舞是一种颂神舞，属于舞剧型，又称哑剧。它的特点是：演员化妆复杂，浓妆重彩。不知情的人还以为他们戴了面具，其实是用米糊、绿叶、颜料、油烟和白纸等把一个演员装扮成天神或魔鬼的样子。化妆的时间很长，一次化妆常常需要几个小时。卡塔卡利舞的戏剧性强，造型复杂，并且把故事、诗歌、舞蹈、音乐和绘画巧妙地融会在一起。演员均为男性，他们会利用各种手势、面部表情和肢体语言，来叙述故事的情节。舞蹈的内容多取自史诗《摩诃婆罗多》和《罗摩衍那》。

这种舞蹈一般盛行于农村，演出不需要舞台，在一块空地上就可以表演，观众席地而坐，一看就是一个通宵。观众们最喜欢看的是《摩诃婆罗多》的选段“难敌王遇害”“那罗传”，以及《罗摩衍那》的选段“悉多受诱拐”“神猴哈努曼大战罗波那”等。

三、卡塔克舞

卡塔克舞最初产生于勒克瑙，后来发展到北方邦和拉贾斯坦邦。古代印度教有许多讲述史诗故事的民间艺人，这些人被称为“卡塔克”，意为“说书人”。为了吸引听众，这些说书人边讲故事，边做一些动作，后来动作越来越丰富，并且配上音乐，因而逐渐演化为卡塔克舞。

这一舞蹈流派，崇拜的不是舞王湿婆，而是能歌善舞的黑天大神和他的情人罗陀。少年时代的黑天与罗陀相互调情嬉戏的双人舞，是卡塔克舞最著名的舞段。到了莫卧儿王朝，这派舞蹈受到穆斯林统治者的青睐，变成了豪华的宫廷舞蹈，因此也吸收了不少波斯舞和伊斯兰舞的特点，例如，节奏加快，脚步的动作也越来越复杂。演员在跳舞时，脚上要系上五十以至两三百个小铜铃，铃声随着舞步节奏的快慢而变化，时而响成一片，犹如万马奔驰，时而清脆悦耳，好似驼铃声远远地传来。据说，舞蹈功夫深的演员，可以让两百个铜铃中的一两个铃铛单独作响。

如果说婆罗多舞是以手势变化无穷而著称，那么卡塔克舞则是以节奏鲜明的脚上功夫而闻名于世。

四、曼尼普利舞

它起源于印度东北部曼尼普尔地区。曼尼普尔，在印度有“舞蹈之乡”的美名。跳舞对于曼尼普尔人来说，是生活中不可或缺的东西，也是妇女必备的一种本领和美德。古代曼尼普尔人为了敬拜神灵、祈祷丰收，要举行各种宗教仪式，跳舞就成了这些仪式中的主要项目。为了向神表示虔诚，所有的村民都得参加跳舞。后来，这种敬神舞蹈就逐渐形成一个重要的舞蹈流派。

曼尼普利舞主要是集体舞，常常是几十人或上百人围成一个圆圈或半圆圈，一边跳舞，一边击鼓。此舞的特点是动作敏捷、节奏鲜明、气氛欢快而热烈。伴奏的乐器很简单，只有一面鼓、一件弦乐器和一对铙钹。曼尼普利舞中最著名的舞蹈有“快步舞”“击掌舞”“伙伴舞”“月光舞”和“拉斯利拉舞”等。这些舞蹈不仅闻名于印度，而且还传到缅甸、柬埔寨等东南亚国家。

以上四大舞蹈流派，虽然被称为“古典舞”，但是一直流传至今，长盛不衰。现在，在印度的舞台上还是以跳这四种舞蹈为主，它们代表着印度传统舞蹈的精华。在印度的各种舞蹈学院或学校，老师教授的仍然是这四大舞蹈流派。我国的舞蹈演员张均年轻时曾留学印度，专门学习这些古典舞，后来成为中国表演印度舞蹈最著名的艺术家。

五、民间舞蹈

除了古典舞之外，印度各地还有许多著名的民间舞蹈。这些民间舞蹈不仅内容丰富多彩，而且形式多样、各具特色，深受老百姓的喜欢。因为这些舞蹈不需要特殊的训练，不需要高深的技巧，只要身体健康、喜欢跳舞，就可以参加，故而是民众最喜闻乐见的娱乐形式，也是表达内心情感的方式。下面介绍两种最著名的印度民间舞蹈。

1. 彭戈拉舞。它是印度旁遮普地区人民在丰收的季节跳的一种庆丰收的舞蹈。跳舞者不限年龄，任何人都可以跳。只要有一块空地，一群人围聚起来，敲起鼓，便可以跳起来。开始是围成圆圈跳，新来的人可以随时加入，而不会打断舞蹈的连续性。鼓手站在场地中央，舞者围着鼓手转圈。鼓手击一会儿鼓，便把鼓槌向上举起，跳舞的人看到鼓槌举起，便加快脚步，越跳越快，全身也随之快速抖动，并且一只脚着地，举起双手，不断地转圈。跳到高潮时，他们还双手击掌，不时地发出“巴莱！巴莱！”或“嗬！嗬！”的喊叫声，喊声异常整齐雄壮。跳舞的人兴奋欢乐，观舞的人也往往手舞足蹈。高潮过后，舞蹈就变成了慢步舞。人们随着悦耳的音乐，用一只脚慢慢地跳。这时，其中有一个人突然用手捂住左耳，大声唱起歌来，大家立即像起初一样继续狂舞起来。如此快慢相接，反复多次，跳舞的时间可长达几个小时。有些熟练的彭戈拉舞男演员能够做出一些高难度动作。比如，他的躯干慢慢接近地面，身体后仰，此时一个体轻的舞者站在他的肩膀上，而他则屈膝跪在地上继续跳舞，这要求舞者身高体壮、力大无比、舞技娴熟，由此可以显示出旁遮普男人勇敢、彪悍的武士气魄。

总之，由于彭戈拉舞没有严格的规则，不限制任何人参加，因此它深受民众欢迎。另外，它也给人一种新鲜、自然、充满生命活力的印象，充分地表达出丰收的喜庆欢乐，展现了人们热爱生活、积极进取的精神面貌。

2. 格尔巴舞。它是最受印度古吉拉特邦人民喜爱的一种民间舞蹈。格尔巴舞只能由女子来跳，一般是在晚上。因为妇女在跳此舞时，头上要顶着带灯的陶罐，只有在晚上看起来才非常美妙和神奇。首先，一群妇女把点上灯的陶罐或某种农作物的青苗放在场地中央，她们围成圆圈，头顶着带小孔的、点上灯的陶罐，在音乐或歌声的伴奏下慢慢地起舞，节奏逐渐加快，以表示对大地母亲的祈祷和祝福。此舞别具一格，由于妇女头顶着带孔并点上灯的陶罐，随着身体的摆动，从小孔中发出闪烁的灯光，如同钻石发光一样美丽，灯光映照出的身影也特别迷人。在每年过九夜节时，妇女尤其喜欢跳这种舞。美丽的姑娘穿上节日盛装，头顶着点上灯的陶罐，灯光从小孔中闪烁发光，好似满天的萤火虫在飞翔，又好像夜空的繁星在闪闪发光。这群姑娘成群结队跳着舞，前往各家各户，邀请家中的女子出来跳舞。因为九夜节要连续过九天，因此这九天的晚上，整个城市或村庄就像进入童话的世界、魔幻的天堂。除了九夜节外，其他的敬神节，如克里希那降生节、罗摩诞辰节，以及春节、姑娘节，妇女都要跳这种格尔巴舞。

第十四章　产量居世界第一的印度电影

印度电影已有一百多年的发展历史。印度也是一个电影大国，多年来它的电影产量都居世界第一位。电影是印度人民最喜爱的一种文化形式，每年走进电影院的观众达数千万，因此电影在印度现代文化中占有十分重要的地位。

第一节　印度电影的产生与无声电影时期

在西方电影传入印度后不久，1896 年 7 月 13 日，印度拍摄出第一部无声电影，在孟买若威尔蒂剧场放映，在音乐的伴奏下每场放映 12 部短片，受到观众的热烈欢迎，因而连续放映了 35 天。此后，印度陆续拍出这种短片。1900 年，拍摄的《光辉的孟买新风貌》和《灵柩游行》等，也获得了巨大成功。

D.G. 巴尔吉（1870 年—1944 年）被公认为是“印度电影之父”。他于 1912 年拍摄出第一部真正意义上的故事片《哈里什昌德拉国王》，此片取材于印度史诗《摩诃婆罗多》里面的神话故事。接着他又拍出了第二部故事片《迷人的巴斯马苏尔》、第三部故事片《萨达万和萨维特里》，这些电影皆取材于《摩诃婆罗多》里的神话故事。尽管电影是无声的，但是下面有英文或印地文字幕，观众是完全可以看懂的。后来，巴尔吉继续拍各种观众喜闻乐见的故事片，并且成立了自己的电影公司，成了印度的第一位电影制片人。他后期拍摄了一部取材于史诗《罗摩衍那》的故事片——《火烧楞伽城》。此片讲述了神猴哈努曼为营救罗摩大神的妻子悉多，独自闯入妖魔占据的楞伽城，大闹楞伽城的精彩故事。电影一放映，就受到印度民众的热烈欢迎，据说在浦那、马德拉斯等地放映时，电影院的大门都被观众挤破了，并且创造了当时印度电影票房收入最高纪录。巴尔吉的电影全部改编自印度的神话故事，拍摄的是印度本土的风光和人们熟悉的生活场景，因此深受印度民众的喜爱，同时也增强了印度人的民族自豪感。

应当说，巴尔吉对印度电影的发展做出了巨大的贡献。为了表彰他的杰出成就，1971 年印度政府专门发行了一套纪念巴尔吉 100 周年诞辰的邮票，并在达达尔城为他建立了一座雕像。

第二节　印度步入有声电影时代

20 世纪 30 年代，印度进入了有声电影时代。1931 年，印度拍摄了第一部有声电影，名为“阿拉姆·阿拉”，是一部爱情故事片。紧接着又拍出了第二部有声电影《石林·法拉德》，同样是爱情题材。两部电影取得了巨大的成功，尤其是《阿拉姆·阿拉》的场景、语言和音乐都令人耳目一新，使人感到震撼。有声电影的出现，受到民众的普遍欢迎。即使电影票的价格很高，但是电影院里仍然挤满了人。电影的制片者和商人们获得了巨大的利润。

由于有声电影颇受欢迎，各个制片商加速生产，因此印度电影的产量大量增加：1931 年，约 400 家电影院生产电影 28 部；1935 年，约 700 家电影院生产 235 部；1947 年，达到了 283 部。此后，印度电影产量为平均每年 250 部，仅次于美国，位居世界第二。虽然电影的数量增加，但质量参差不齐。1933 年，D. 博斯拍摄的《圣普兰》，标志着印度有声电影质量达到一个新的高度。《圣普兰》讲述的是印度传统故事，但充满细腻的情感，并且请来当时最好的作曲家谱写曲子，展示了印度音乐的魅力。这是印度电影首次把音乐作为一种叙事方式，对情节的展开起了关键的作用。从此以后，音乐就成了印度电影的一大特色。但是，在这个时期印度拍摄的电影中，也有许多影片质量不高，内容过于程式化，简单平淡，缺乏吸引力。

第三节　20世纪50年代是印度电影发展的一个高潮

1947 年印度独立以后，尼赫鲁政府取消了对电影的种种限制，促进了印度电影事业的发展。1952 年，在孟买举办了第一届国际电影节，与此同时，参加电影节的各个国家还在印度举办了电影周。外国电影在印度的放映，不仅吸引了广大的印度观众，而且也大大开阔了印度电影人的眼界，打破了他们拍摄电影的许多固定模式和思维方式。特别是反映现实生活题材的苏联和中国电影为印度电影人提供了不少的启示和借鉴。尤其是中国电影《白毛女》在印度一上演，就因其现实主义的表现方式引起了轰动，也打破了印度人认为的电影没有歌舞就不能成功的惯例和思维模式。

20 世纪 50 年代，印度电影的发展出现了一个崭新局面，涌现出不少优秀的电影导演和制作人，也拍摄出一批在世界上有影响的电影作品。在电影导演方面，最有代表性的是萨蒂亚吉特·拉伊（1921 年—1992 年），他被誉为“印度现代电影的先驱”。1947 年，他创办了加尔各答电影协会。1952 年，他开始拍摄第一部电影《道路之歌》。1955 年这部电影上映后，一举获得了 12 项国际大奖。此后，他又拍出了 30 多部电影，如《不屈的人》《阿普的世界》和被称为“加尔各答三部曲”的《对手》《有限公司》《中间商》等。拉伊的多数电影被翻译为英语、法语和日语，在世界各国上映。他一生获得了许多国际电影奖项，1992 年被授予奥斯卡终身成就奖。

在电影作品方面，具有代表性的是一批表现现实生活的优秀影片，如《流浪者》《两亩地》《章西女王》等。《流浪者》是印度著名电影导演、制作人兼演员 R. 卡普尔（1924 年—1988 年）的作品。1951 年，卡普尔自导自演了电影《流浪者》，一举成名。1953 年，该片获得了第六届戛纳电影节金棕榈奖提名。影片的剧情是：一位大法官认为“贼的儿子一定还是贼”，但是他在审判案件中把一个流氓团伙的头目扎西给冤枉了，等扎西出狱后，就发誓要报复这位法官。扎西劫持法官的妻子，不断散布谣言，使法官不得不抛弃怀孕的妻子。孩子生下来之后，取名“拉兹”。扎西非要证明一下“法官的儿子也会成为小偷的”，因此他就逼迫拉兹从小流落街头，到处流浪，并且成为扎西手下的一个小偷。拉兹上小学的同学中有一位女同学，出身上层社会，名为“丽达”，两人曾经是好朋友。多年后，得知自己身世的拉兹，杀死了扎西。在法庭上，当时已经成为律师的丽达，坚决为拉兹辩护。最终，拉兹被判刑入狱，丽达发誓要等拉兹出狱。整个故事情节曲折复杂，再加上拉兹与丽达的爱情情节，故而打动人心。影片利用现实主义的手法对社会的不公正进行了批判。影片的主题曲《拉兹之歌》和插曲《丽达之歌》，也令人十分感动。1955 年，《流浪者》被翻译成中文，在中国各地上映，引起中国观众的强烈反响，《拉兹之歌》也迅速流传开来。当时，在北京的大街小巷，到处都可以听到青年人哼唱的《拉兹之歌》。

《两亩地》是 1953 年印度拍摄的一部电影，著名电影导演 B·罗易执导。本片取材于印度大诗人泰戈尔的同名叙事诗。电影讲述了农民山普一家的悲惨生活。山普家境贫寒，他们就靠着家中的两亩地维持生活。但是，地主和商人为了修建工厂，想出各种办法陷害山普，最终使山普失去了自己的土地。影片描述了印度农民的悲惨遭遇，表达了对下层民众的极大同情。该电影获得了第七届戛纳电影节的国际奖，并获得首届印度电影观众奖。

电影《章西女王》也是 1953 年印度拍摄的，由著名导演 S·莫迪执导，萨赫塔布饰演女主角拉克希米·巴依。影片取材于 1857 年印度民族大起义中章西女王的英雄事迹。英国殖民当局的军队力图攻下章西土邦的城堡，23 岁的女王身先士卒，率领民众，奋勇抵抗。城堡失守后，她女扮男装，冲出重围，继续与英军战斗，壮烈牺牲。影片中的战争场面气势宏大，服装、道具和布景非常考究，演员演技精湛，是印度历史题材电影的代表作。《两亩地》和《章西女王》在 20 世纪 50 年代都被译成中文，在中国各地上映，颇受中国观众的喜爱，给人留下了深刻的印象。自从《流浪者》《两亩地》和《章西女王》在中国上映以后，中国观众对印度电影给予了很高的评价。

第四节　印度电影之城——宝莱坞

进入 21 世纪，印度电影发展迅速，已经成为一个分工细致的庞大产业，拥有近 200 万工作人员，产值占整个印度娱乐产业的 27%。2005 年，印度电影产量为 1041 部，远多于美国的 815 部，成为世界上年产电影最多的国家。印度每年走进影院看电影的观众，多达 1400 万人。

要了解今天的印度电影，有必要说一说印度电影之城——宝莱坞。宝莱坞位于孟买，是印度最受欢迎的电影工业基地之一。实际上，宝莱坞（Bollywood）的名字是美国好莱坞（Hollywood）和孟买（Bombay，1995 年 11 月，改为“Mumbai”）两个英文词的合写，就是把英文好莱坞的第一个字母 H，换成孟买的第一个字母 B，这样就变成了“宝莱坞”。其实，印度人对这个名字并不太满意，但是时间长了，也就逐渐被默认了，甚至在《牛津英语大词典》中都有“Bollywood”的词条。

现在，宝莱坞电影城是世界上最大的电影生产基地之一。它占地 1600 多公顷，位于孟买西郊的一个山谷中，生态资源非常丰富。宝莱坞影城是由大大小小的数家国营或私营的拍摄基地组成的。在这里，有许多大型的室内摄影棚，都装有中央空调，以适应印度炎热的气候。室外的摄影场地就更多了，有农庄、寺庙、花园、别墅、森林、湖泊、群山等，凡是拍摄发生在印度的电影，需要什么外景都可以在这里找到。印度的许多电影都是在这里拍摄的，宝莱坞的电影产量占印度电影产量的 60% 至 70%，拥有数十亿观众。

阿米尔・汗（Aamir Khan）是宝莱坞最著名的电影演员之一，并兼导演和制片人。他出身于电影世家，8 岁就出演电影，被公认是有前途的童星。其父是宝莱坞著名电影制片人，叔父也是演员、导演兼制片人。他的家族拍摄的《大篷车》和阿米尔・汗主演的《三傻大闹宝莱坞》都是中国观众所熟悉的影片。1971 年《大篷车》在印度公演，就引起轰动。本片是以大篷车车队为背景，讲述了女主人公苏妮塔逃亡和自救的故事。其情节是：苏妮塔的父亲被他的养子拉詹阴谋杀害，苏妮塔也被骗，嫁给了杀父仇人。新婚之夜，她出逃，打扮成一个农村姑娘，躲入吉卜赛人的大篷车队中。大篷车队的人帮助苏妮塔，与拉詹进行了激烈的斗争，最终战胜了恶人拉詹。此电影于 1979 年被翻译成中文，在中国上演，深受中国观众的喜爱。

《三傻大闹宝莱坞》是阿米尔·汗亲自主演的故事片，2009 年在印度和世界各地陆续公演，引起强烈的反响。阿米尔·汗当时已经 40 多岁，但是他出演一个 20 多岁的大学生，依然非常活泼可爱。他与其他几位演员通过诙谐幽默的表演，反映出印度教育存在的各种问题。该片上映后，刷新了宝莱坞的票房纪录，在全球的票房总收入达到了 47 亿卢比（约 7 亿人民币）。在 2010 年国际印度电影大奖评选中，获得了包括“最佳影片”在内的 16 项大奖。2011 年，该片在中国上映，也受到中国观众和媒体的广泛好评，再次引发中国观众对宝莱坞电影的关注。

第十五章　高速发展的印度科技

印度独立以后，政府的首任总理尼赫鲁，非常重视科学技术的发展和科技人才的培养。他认为，科学技术创造了现代文明，它是人类进步和社会发展的重要推动力，没有科技的发展，就不可能有今天的现代世界。1956 年 3 月 4 日，尼赫鲁亲自主持制定了《印度科学政策决议》，这个决议强调发展科学技术的重要性，并制定了许多具体措施。其主要内容有：①鼓励和支持所有方面的科学研究；②保证供给科学家以充分的资金；③培训科技人才，满足国家需要；④鼓励学术自由和创新精神；⑤让人民从应用科学技术中获得更多的好处。尼赫鲁总理对科学的态度和他的实践活动，对以后印度科技发展产生了深远的影响。

此后，印度历届政府都制定了许多正确的科技发展政策，实施了完备的管理体制，并提供了较为充足的科研资金，因而使印度的科技水平稳步提高，科研成果不断涌现。经过几十年的努力，今天的印度在科研基础设施、人才的储备和科技的成就等方面，都已经处于世界的前列。尤其是在某些科学领域，如空间和宇航技术、原子能技术、信息技术和生物技术等，获得了举世瞩目的成就。

第一节　空间与航天科技

印度的空间技术研究早在 20 世纪 60 年代就已经开始。1962 年，印度政府成立了“国家空间技术研究委员会”，负责空间技术研究。当时，空间技术与和平利用太空的任务还属于中央政府的原子能部管辖。1972 年，印度政府专门成立了“空间技术部”，负责空间技术计划的制订和实施。经过几十年的研究和发展，印度在卫星技术、火箭技术，以及卫星和火箭技术在国民经济领域的具体应用方面都取得了显著的成就。

一、卫星技术

1975 年 4 月 19 日，印度成功发射了第一颗人造地球卫星。从 1983 年起，印度开始执行国家卫星系统计划（INSANT）。此后，印度成功发射了 Insant–1 型、Insant–2 型、Insant–3 型等卫星系统。现在，印度科技人员不仅能够自己设计和制造卫星，而且自制卫星的种类也有很多，如实验卫星、对地观察卫星、资源探测卫星、通信卫星、广播电视卫星、遥感卫星、气象卫星、各种多用途卫星等。在卫星技术方面，印度已经进入世界先进国家的行列。

二、火箭技术

1973 年，印度制订了研究和制造火箭的计划。1980 年，印度首次使用自己制造的火箭成功发射了自制的卫星，从而成为世界上第七个能够自制运载火箭的国家。1994 年，印度又利用自制的火箭把一颗遥感卫星成功送入极地轨道，这就使印度成为继美国、俄罗斯、中国、法国、日本之后，第六个具有把卫星送入极地轨道能力的国家。这也标志着印度的火箭技术已经进入比较成熟的阶段。2001 年，印度开始研制发射地球同步卫星的运载火箭。2003 年 5 月，印度成功发射了地球同步卫星 GSAT–D1 号；2004 年 9 月，又成功发射了与地球同步的教育实验卫星 EDUSAT。发射这两颗卫星的火箭的有效载荷已经达到 2 吨。此后，印度开始研制具有 4 吨载荷的同步卫星的运载火箭。1975 年，印度第一代火箭只能把 35 千克重的卫星发射入轨。2004 年，印度开始研制4吨有效载荷的运载火箭，这是一个很大的进步。2017年2月15日，印度成功发射了一枚载有104颗人造卫星的火箭，印度人为此感到骄傲。

三、宇航技术

1989年，印度空军少校拉·夏马尔与威廉斯宇航员一起乘坐宇宙飞船“联盟2号”进入太空，使印度成为世界上第十二个有人上过太空的国家。印度空间技术部还制订了雄心勃勃的登月计划、火星探测计划、卫星导航计划等。他们准备制造一个火星轨道车，将轨道车发射到距离火星100千米的轨道上，绕火星飞行，探测火星周围的辐射、电磁场和能量粒子等，从而推进印度宇宙空间技术的发展。

四、空间技术的应用

印度发展空间技术的目的，不仅是追赶先进国家，探索太空和宇宙的奥秘，而且是把这些技术应用到国民经济的各个领域，促进经济发展和社会的进步。在空间技术应用方面，印度取得了重要的成果。其一，它利用卫星技术收集各地的气象数据，提高印度天气预报的质量。其二，利用卫星技术进行地形测绘、资源调查、农作物的估产和病虫害的防治等，促进印度矿业和农业的发展。其三，利用卫星技术发展广播电视事业，促进印度文化教育事业和科学研究事业的发展。其四，利用卫星技术发展现代移动通信，促进通信事业，特别是边远农村地区通信事业的发展。其五，利用卫星技术传播国内市场和商业的各种信息，推动印度的商品流通和贸易发展。因此，印度的空间技术大大地促进了印度经济和社会的进步。

第二节　原子能科技

建国之初，尼赫鲁政府就非常重视原子能技术的研究和开发。1948 年，印度建立了原子能委员会，负责制订原子能研究的计划和政策，尼赫鲁总理亲自兼任该委员会主席。从 20 世纪 50 年代起，印度先后建立“巴巴原子能研究中心”等一大批原子科学研究和技术开发机构。因此，印度在原子科学领域取得了重要的进展。

一、原子科学技术

1956 年，印度设计和建造了亚洲最早的“以轻水和中浓度铀”为原料的核反应堆。20 世纪 60 年代初期，印度在具有一定核技术的基础上，制定了核技术发展战略：第一阶段，发展以天然铀为原料的核反应堆，生产钚；第二阶段，将钚和钍用于快速中心反应堆，生产铀 –233。第三阶段，以铀 –233 与钍聚变增值。1966 年，在印度以铀 –233 为燃料的快速中子反应堆，已经投入商业应用，使印度成为当时世界上唯一一个拥有快速中子反应堆的发展中国家。

二、原子燃料技术

印度本国拥有丰富的原子燃料资源。经过 50 多年的努力，印度已经能够独立设计和建造重水生产、燃料裂变、燃料加工等方面的工厂。同时，印度还能够自主建设生产高级燃料的核裂变工厂，生产铀 –233。早在 20 世纪 80 年代中期，印度在核燃料生产方面就具有很高的水平。当时，印度已经建立了使用新型燃料的快速中子反应堆，而这种反应堆只有美国等几个少数国家才拥有。现在，印度生产的核燃料已经出口到美国、德国、挪威、日本和韩国等。

三、原子能发电技术

1969 年，印度在美国的援助下建立了第一座核电站。后来，又在加拿大的援助下建立了第二座核电站。此后，印度就开始自己设计、自己建造核电站。到 2004 年，印度已经建造了 7 座核电站。印度已经成为世界上为数不多的有能力自己设计、建设核电站的国家。为了解决严重的缺电问题，现在印度国内有 9 座核电站正在建设之中，计划在 2024 年—2025 年完工。未来，还要建设 12 座核电站，计划在 2031 年建成。

四、原子能技术的应用

除了原子能发电以外，印度还把原子能技术应用于科学研究，以及经济和社会发展的许多领域，如工业、农业、医疗领域等。例如，在农业领域，印度利用原子能技术培育出大豆、水稻、小麦等新品种；利用原子能技术生产化肥和农药；利用原子能技术改进粮食的储存能力和水资源的管理能力。在医疗领域，印度利用原子能技术建立发放医疗所、改进诊断技术，提高医疗水平和疗效。印度生产的放射仪器和相关设备，已经出口到英国、印尼、叙利亚和埃及等国。在工业领域，印度利用原子能技术进行工业设备的损伤探测、医疗设备的净化处理，大大提高了工业设备损伤的探测精度和医疗设备的净化程度。

第三节　信息科技

信息技术是印度政府重点发展的产业，也是发展最快的产业。现在，印度已经成为世界上公认的软件技术强国，印度人为此感到骄傲。

1981 年，印度政府就颁布了发展计算机工业的政策，对计算机技术、材料和软件的进口放宽限制。他们认为，信息技术将对国民经济的发展和人民的生活产生重要影响。另外，印度有大量具有较高的英文水平的大学毕业生，这正是发展计算机技术的人才宝库，也是印度具有的独特优势。1985 年，拉吉夫・甘地政府提出了“用电子革命把印度带入 21 世纪”的口号，大力推动计算机技术的发展。1986 年，政府实施了《计算机软件出口、开放和培训政策》。1990 年，政府颁布了《开发软件技术园计划》。此后，软件技术在印度迅猛发展。1991 年，印度第一家软件技术园在卡纳塔克邦首府——班加罗尔建立，一年以后在这里注册的软件公司就有一百多家，后来发展到几千家。

因此班加罗尔也闻名于世界，被人称为“印度的硅谷”。

1998年，印度总理瓦杰帕伊明确提出，要把印度建成一个名副其实的信息技术超级大国。为了落实这项计划，1999年政府专门成立了“信息技术部”，统筹制订和管理全国信息技术的发展规划。与此同时，瓦杰帕伊总理亲自担任国家信息技术特别小组的组长，以加强对信息技术发展的指导和监督。这些措施进一步促进了印度软件技术的快速发展。到了21世纪，印度在全国建立起的软件技术园就有十几个，而且规模越来越大。

在软件技术方面，印度软件公司的技术水平一直处于世界领先地位。60%以上的印度公司都掌握并且能够运用当今世界最先进的软件技术，如第四代语言技术（AGL）、图像用户界面技术（GUT）、面向对象编程技术等。印度已有100家以上的软件开发公司通过了ISO900国际质量认证。同时，几乎所有的印度软件公司都把美国卡内基隆梅大学软件工程研究所设立的SEL品级作为软件质量的管理标准，把其最高级的5级作为软件开发的目标。在达到SEL标准5级的世界软件公司中，印度的公司已经超过了一半。因此，世界各国的大公司都纷纷向印度软件公司采购软件。美国《财富》杂志上列举的世界500家大公司中，就有200多家公司使用的软件是印度开发的。这足以体现印度的软件技术水平是何等先进。

据世界银行调查，印度软件出口的数量、规模和成本三项综合指标，均居世界首位。2001年，印度的软件企业大约有6000家，从业人员数量高达40多万人。在经济效益方面，印度的软件及相关服务业所创造的产值，几乎占印度国内生产总值的2%。2000年—2001年，印度软件及服务业出口达440亿美元，占全国出口总额的14%。

第四节　生物科技

印度政府对生物技术的研究和开发也非常重视。1982 年，政府建立了国家生物技术局，1986 年该局划归国家科技部管辖。生物技术局的任务就是制订各种政策和规划，促进全国生物技术领域的研究、开发和生产活动。印度各地的生物技术研究和开发中心有 20 多个。其中最著名的有设在新德里的国家免疫学研究所、设在浦那的国家细胞科学中心、设在新德里的国家脑研究中心、设在新德里尼赫鲁大学的国家植物基因组研究中心、设在海得拉巴的 DNA 酶解图谱和诊断中心、设在昌迪加尔的微生物技术研究中心、设在德里的国家植物遗传资源研究所、设在浦那大学的动物组织培养室等。自 1986 年以后，印度在生物科技领域所开展的研究和开发项目就有 1500 多个。

经过几十年的努力，生物技术已经成为印度最重要的科技领域之一，其科研成果不断涌现。印度的生物技术涉及农业、医学、动物、植物、海洋生物、生物多样性保护等方面。在农业方面，印度已经培养出具有抗病和抗虫害基因的作物，建立起有特殊药用和芳香价值的植物基因库，掌握了繁育优质高产乳牛的技术。在转基因技术方面，印度对棉花、水稻、绿豆和番茄等四种主要农作物进行深入研究，以增强它们的抗病能力，并提高产量和质量。但是，这种转基因技术是在国家植物基因资源局的严格控制下进行的，目的是防止有害的转基因植物材料扩散。在动物的生物技术方面，印度利用转基因和克隆技术，在提高家畜产量方面取得了很大的进步。在医药方面，印度主要开发了一些严重危害人民健康的疾病的早期诊断技术并开发了预防疾病和传染病的疫苗，这对印度这个人口大国具有十分重要的意义。另外，印度在生物化肥、生物杀虫剂、生物灭虫等方面也取得了许多突破性的进展。

第十六章　独立后种姓关系的变化

印度教的种姓隔离和种姓歧视制度是印度社会的一大弊病，严重阻碍了社会的发展。独立以后，印度政府制定的新宪法和各种法律以及在政治、经济、文化等方面所采取的一系列改革措施，大大促进了印度教种姓关系的变化。例如，废除不合理的贱民制度，保障低级种姓的合法权益，消除种姓之间的隔离，取消了职业和婚姻的限制，促进种姓之间的平等。这些巨大的变化，不仅是印度社会进步的象征，而且也是印度现代文明从落后走向进步的重要标志。

第一节　贱民反对种姓歧视的斗争

贱民是印度教种姓制度的最大受害者，他们是种姓社会中最受歧视、最受压迫的阶层。贱民，又被称为“不可接触者”，这意味着他们虽然是印度教教徒，但却不能与其他种姓的人相交往，不能与高种姓者同桌共餐、同室而居、同井而饮、同车而行。贱民甚至不能诵读印度教的经典，不能进入寺庙敬拜神灵。他们一直处于印度社会的最底层，只能世世代代从事最肮脏、最低贱的职业，他们本人及子女根本没有上学受教育的权利。

到了近现代，废除“不可接触制度”，一直是广大贱民和印度改革家共同追求的目标。为了实现这个目标，广大贱民进行了长期不懈的努力和斗争。在贱民反对种姓歧视和争取合法权益的斗争中，有两位著名的领袖：一位是甘地，一位是安培德卡尔。

甘地指出：没有人，生来就是不可接触的，我们都是神创造出来的人。我们都来自同一个地方，是同一个火苗所四溅出来的火花。把某些人看作生下来就是不可接触的，这是完全错误的。因此，他呼吁印度教教徒抛弃不可接触制度，应当与贱民友好相处。为了表达对贱民的尊重，他给贱民起了一个神圣的名字——“哈里真”（Harigen），意思是“神之子”。他还用古吉拉特语创办了一份报纸，起名为“哈里真”，大力宣传改善贱民生活待遇的必要性，要求取消各种歧视贱民的规定等。1920 年，在甘地的宣传下，国大党的年会通过了取消贱民制的决议，这个决议大大地鼓舞了广大贱民争取平等权利的信心。1929 年，在他的推动下，国大党建立了一个促进贱民解放工作的委员会。该委员会工作颇有成效，促使许多神庙向贱民开放，也使许多保守的高种姓者思想解放了，他们开始改变对贱民的态度，并出资资助一些贱民子弟上学接受教育。1932 年，甘地在马德拉斯市专门组织了贱民进入神庙的运动，并把 1933 年 1 月 8 日定为全国“不可接触者进寺庙日”。1933 年 11 月，他开始了长达 9 个月的全国巡回演说，到处宣讲解救贱民的意义，并为贱民事业募集资金。在甘地的长期努力下，贱民的地位和权益得到了很大的改善，许多神庙向他们开放，还有不少地方允许贱民使用公共的道路和水井。

另一位著名的贱民领袖是安培德卡尔（Ambedkar，1891 年—1956 年）。他本人就是贱民出身，父母属于马哈拉施特拉地区的马哈尔贱民种姓集团。他的父亲长期在英印军队中服役，这才使他能够接受教育，从小学上到大学。后来，他在巴洛达土邦王公的资助下，先到美国哥伦比亚大学留学，后又到英国伦敦大学深造。1922 年，获伦敦大学博士学位，并得到英国律师协会授予的律师资格证书。回国以后，在孟买高级法院担任律师。在法庭上，他为维护贱民的权益进行了坚决的斗争。

从 20 世纪 20 年代起，安培德卡尔就开始组织贱民进行大规模的反对种姓歧视的斗争。1924 年，英属孟买管辖区政府宣布：所有的水塘都应向贱民开放，但是许多高种姓者却拒绝贱民使用水塘。为了抗议这种歧视行为，1927 年 3 月，安培德卡尔动员贱民在马哈德镇举行盛大的抗议集会，参加者有上万人。集会之后，贱民向水塘行进，准备取水塘之水，但遭到手持棍棒高种姓人的袭击。斗争越来越激烈，参加的贱民越来越多。这件事不得不上告到孟买高级法院，最后，法院裁定贱民方面胜诉。这场斗争的胜利大大鼓舞了贱民争取合法权利的勇气和信心。此事发生在马哈德镇，故印度现代史称之为“马哈德水塘事件”。

印度独立后，安培德卡尔当选为中央政府的首任法律部长。他被选为“印度宪法起草委员会”的成员，在宪法起草过程中，他为废除贱民制度、维护贱民的合法权益进行了不懈的努力。到了晚年，他对在印度教内部争取贱民平等权利的斗争失去了信心。因此，1956 年 10 月，他在那格浦尔组织了一个有 50 万贱民参加的群众大会。在会上，他代表 50 万贱民宣布彻底脱离印度教，而皈依佛教。安培德卡尔的宣布震惊了整个印度，产生了巨大的影响。此后，有大量贱民陆续脱离印度教，而改信佛教，大大促进了佛教在印度的复兴与发展。

第二节　贱民制度的废除

印度独立以后，为了消除印度社会的种姓压迫和种姓歧视现象，保证国家的长治久安，制定了一系列新的法律和政策。在这方面最耀眼的事情，就是印度新宪法的制定。1950 年 1 月 26 日，新宪法正式生效。

新宪法的序言庄严宣告：在法律面前，人人平等。这种人人平等的精神，体现在宪法的各种具体条款之中。

例如，宪法的第十七条明确规定：“废除贱民制，并禁止在任何方式下实行贱民制；任何由于贱民制而产生的剥夺人的权利的行为，都属于犯罪，应依法惩处。”

宪法第十五条第二款规定：不可以种姓为理由限制任何公民应有的权利，如商场、饭店、娱乐场所的出入，以及公共水池、浴场和道路等的使用。这一条表明，一个贱民作为国家的公民，有权出入任何公共场所，有权使用任何公共设施，任何人不得以不可接触之缘由进行干涉。

宪法第十六条第二款规定：在政府公职的聘用或任命上，不得以种姓等理由排斥和歧视任何公民。这一条说明，无论是贱民，还是低种姓者，都有权担任政府公职工作，任何人不能歧视。

1955 年，为了进一步落实宪法有关维护贱民权利的条款，政府还制定了《惩办侵犯贱民尊严的法令》。这个法令做出更加具体的规定：凡阻止贱民进入公共场所的，将判 6 个月监禁，或处以 50 卢比的罚款；对那些不为贱民提供服务的商店，政府有权吊销其营业执照；对以上屡教不改或情节严重者，政府应加重处罚。

新宪法明确宣布废除在印度实行了几千年的贱民制度，并且制定了许多具体条款和法令来维护贱民的合法权益。这是印度历史上的一件大事，也是独立后印度政府在社会改革方面所取得的一大成就。随着宪法和各种法令的实施，原来印度社会中最受歧视的数千万贱民的合法权利，就真正有了法律的保障。

第三节　种姓关系的变化

近代以来，英国长期的殖民统治以及西方文明的传入，对印度传统的社会体制和意识形态产生了巨大的影响。再加上轰轰烈烈的宗教改革和民族独立运动，也大大促进了人们思想观念的变化。独立以后，印度政府一系列强有力的政治、经济和文化的改革措施，更全面地加速了传统社会体制和人与人关系的改变。因此，到了今天，印度教的种姓制度和种姓之间的关系已经发生了巨大变化。

一、婆罗门种姓的地位明显下降

在传统印度教社会中，婆罗门种姓不仅在经济上处于优势地位，而且在宗教上具有祭祀权和司法权。他们垄断各种祭祀仪式，并通过仪式而获得经济利益，他们还可以依据宗教法律和仪轨，对任何违反者进行处罚。在农村中，由婆罗门种姓所控制的"种姓会议"，实际上是执行种姓道德和经济规约的法庭，具有处理种姓中发生的各种案件的权力。一切违背种姓规定的行为，如与外种姓的人通婚、偷盗、欠债不还、财产纠纷等，均由种姓会议裁决。种姓会议的权力凸显出婆罗门种姓的特权。

独立以后，印度政府制定的新宪法和其他法律，全面地贯彻了"法律面前人人平等"和"消除种姓差异"的精神。随着这些法律的实施，婆罗门种姓原有的特权越来越少。婆罗门特权的丧失也使他们的经济生活发生了很大的变化。一些婆罗门在农村找不到工作，只能到城市去，但是他们没有其他谋生的本领，许多人只得变成了搬运工人或黄包车夫。2006 年 9 月 25 日的《华盛顿邮报》，登载了一篇题为"印度采取积极措施颠倒了种姓地位"的文章。文章说：印度多年来采取的积极措施，几乎已经使种姓制度发生了颠倒，有些上层种姓的婆罗门成员，已经沦为搬运工人或黄包车车夫；而大学里几乎有一半的学生名额，被下层种姓和部落成员所占据。

二、传统职业的各种限制被打破

种姓制度是以职业的世袭为基础的。每一个种姓家族，都有自己固定的职业，而且世世代代流传下去。婆罗门祭司的儿子，天经地义是要当祭司的；而一个铁匠的儿子，将来仍然是打铁的。这种职业之间的隔阂和限制是非常严格的。但是，到了现代，种姓之间的这种职业限制无法再维持下去。

由于现代工业的发展，乡村的许多传统职业，已经无法生存。机器生产的布匹和纺织品，大量进入农村市场，挤垮了农村的手工纺织业，导致从事纺织业的种姓失业，他们不得不离开农村，到城市去寻找其他的职业。同样，乡村传统的铁匠、木匠和陶工等行业，由于缺乏竞争力，也无法生存下去。丧失了传统谋生手段的各个种姓，只能去寻求其他职业：有的去地主那里租种土地，变成佃农；有的进入工厂，成为工人；也有的涌入城市，成为无业游民。在现代条件下，不仅低级种姓面临失业的危险，而且高级种姓也是如此。许多婆罗门高级种姓，因为在农村找不到工作，只能到城市里去当饭馆的服务员或人力车夫。

印度独立以后，社会的变革和经济的发展已经导致原有的社会结构发生了巨大的改变，在这个过程中，传统的种姓职业分工体系早已被打破了。

三、社会交往的隔阂基本消除

按照种姓制度的规定，种姓之间的社会交往都有严格的限制。例如，一个高级种姓者不能与低种姓者，尤其是贱民，在同一个房间居住，在同一张餐桌上吃饭，在同一辆车上乘车等。印度独立以后，由于新宪法的实施和现代社会的发展，原来种姓之间社会交往的隔阂已经基本消除了。

新宪法规定：任何人不能以种姓的理由，限制他人进入商店、饭店、娱乐场所，也不能限制他人使用公共水池、浴场和道路等。这就从法律上保证了各种姓之间进行社会交往的自由，也彻底消除了限制交往的法理基础。另一方面，随着社会的发展，城乡交流越来越频繁，人口流动性大大增强，原来种姓交往的限制也无法继续维持下去。为了谋生，不同种姓的人不能不在同一个车间工作，不能不在同一个食堂吃饭。不同种姓出身的学生，也不能不在同一个教室上课、同一个宿舍居住。城市中紧张的公共交通和住房条件，也迫使不同种姓者同乘一辆公共汽车、同住一幢公寓。应当说，传统的种姓隔离现象，在城市中基本销声匿迹，在一些发达的农村地区也有很大的改善。但是，在偏远的地区，这种隔离的现象还很难彻底消除。

四、婚姻的限制大大削弱

种姓等级观念最集中的体现，就在于各种姓之间通婚的限制。各个种姓集团只能实行内婚制，即男女青年只能在种姓内部选择配偶。如果不同种姓之间通婚，传统的种姓制度也只允许高种姓的男子娶低种姓的女子为妻，即所谓的“顺婚”。假如高级种姓的女子嫁给低种姓的男子，那就是所谓的“逆婚”，是大逆不道的，必须受到严厉的惩罚。

到了现代，随着种姓隔离体制的逐步消除，这种通婚的限制被大大削弱了。印度独立以后，政府制定了一些法律，鼓励人们冲破种姓婚姻的限制，进行跨种姓之间的婚姻。1949 年颁布的《印度教教徒婚姻认定法》鼓励男女青年在不同种姓之间选择配偶。1955 年颁布的《印度教教徒婚姻法》进一步在法律上保障妇女的权利，禁止童婚、允许妇女离婚、禁止一夫多妻等。有一些地方政府，如西印度的马哈拉施特拉邦政府，不仅鼓励不同种姓者通婚，而且还对他们实行奖励。在南印度，还有一些邦政府宣布，婆罗门种姓与表列种姓（即贱民）结婚十年者，奖励金表一块。随着各种法律的实施和人们观念的变化，原来种姓婚姻的限制已经大大削弱了。在许多地区，高种姓与低种姓之间的通婚是比较普遍的，而且人们对这种不同种姓之间的婚姻现象已经习以为常。

第四节　“种姓政治”的兴起

印度独立以后，伴随着民主政治的发展以及在大选中各政党的激烈竞争，一种新兴的“种姓政治”现象在政治舞台上悄然兴起。“种姓政治”是与印度教种姓集团的利益紧密相关的，也是传统种姓观念在现代社会中的一种演变。

何谓“种姓政治”？为了保障公民在政治上具有平等权利，印度新宪法实行了“成人普选制度”。这个制度保证不同种姓的成年人皆有选举权和被选举权，不管你是高种姓，还是低种姓或贱民。这样一来，低种姓和贱民集团，由于其人数众多，在政治选举中便成为一支不可忽视的力量。不同地区的不同种姓集团，为了维护自身利益，则把选票投给代表本集团利益的候选人。因此，在每年大选中，争取种姓集团的选票，就变成每个政党都要面临的重要任务。各个政党要研究本地区的种姓势力及其诉求，尽量发展在本地占优势的种姓集团的成员入党。在大选之前，一方面，要想办法推举在本地区占优势的种姓中有威望的党员作为自己党的候选人，以争取更多的选票；另一方面，许多种姓集团为了争取政治和经济权力，也建立起自己的政党或政治组织，以便在大选中与其他政党竞争。总之，这种带有种姓利益或种姓因素的选举政治，就是所谓的“种姓政治”。

在“种姓政治”兴起的过程中，代表不同种姓集团利益的政治组织或政党在各地相继建立起来。除了种姓政党之外，印度各地还出现了许许多多的“种姓协会”。所谓“种姓协会”，就是一个地区的某个种姓为了维护自己的社会地位和经济利益而建立起来的组织。参加组织的成员，基本上都属于同一种姓，他们定期召开会议，并举行各种活动，想方设法提高本种姓在当地的社会地位。种姓协会不同于传统的种姓组织，它的领导人一般都不是思想保守的年长者，而是由一批受过高等教育、具有现代思想和组织才干的年轻人来担任。种姓协会一项重要的工作，就是推选出能代表本种姓利益的候选人，去参加地方选举，争取在地方选举中获得一定席位。此外，这些候选人也可以与地方政府或某个政党进行对话，经过相互协商、讨价还价，尽量为本种姓争取更多的政治或经济利益。

“种姓政治”是那些原来被歧视的低级种姓或贱民集团，在选举过程中通过选票来表达自己的愿望和诉求，并且被政府或一些政党所采纳。实质上，就是下层民众通过民主选举的方式来争取自身的政治和经济权益。应当说，这是社会进步的表现。

第十七章　印度文化在西方的传播

早在公元前，印度文化就已经传到了欧洲。公元前 6 世纪，印度人就与希腊人有了接触。当时正值波斯帝国时期，幅员辽阔的波斯帝国东起印度洋，西至地中海沿岸，帝国的子民中既包括印度人，也包括希腊人。随着印度人与希腊人的交往，印度的灵魂不死、业报轮回、通过智慧人能与神相结合、不杀生、不食肉等思想就已经传到了希腊。但是，到了近现代，印度文化传播到欧洲的程度就更加广泛和深入了。

第一节　近代以来印度文化在欧洲的传播

18 世纪末，一批对印度文化感兴趣的英国学者，集中在印度的孟加拉，他们开始对梵文和梵文经典进行系统研究，并创立了一个学术组织——孟加拉亚洲学会。在这个学会中，最著名的学者有三位：威廉·琼斯（Willian Jones，1746 年—1794 年）、查尔斯· 威尔金斯（C.Wilkins，1749 年—1836 年）和托马斯·塞里布鲁克（Thomas Celebrooke，1765 年—1837 年）。1785 年，查尔斯·威尔金斯首次把印度教经典《薄伽梵歌》由梵文翻译成英文。几年以后，威廉·琼斯把《摩奴法典》译成英文。1789 年，他又把印度教最有名的剧本《沙恭达罗》译成英文，此书在欧洲出版后，西方世界对印度文学的成就大吃一惊。

到了 19 世纪，印度文化在欧洲学术界受到格外的关注，许多大学都开设了梵文教学课。1818 年，德国哲学家弗里德里希·施勒格尔（Friedrich Schlegel，1772 年—1829 年）成了波恩大学的第一位梵文教授。此后，牛津大学也开设了梵文课程。1832 年—1888 年，H.H. 威尔逊（H.H. Wilson）和诺尼尔·威廉斯（Nonier Williams）两位教授相继在此教授梵文，他们两人所编写的《梵文字典》一直被广泛使用。1875 年，著名梵文学者马克思·缪勒（Feidrich Max Muller，1823 年—1900 年）经过长期的研究，把许多古代印度教经典翻译成英文，并编辑成一套大型系列丛书《东方圣书》（全书共 51 卷）。此书的出版使一般西方读者阅读和理解印度经典，大大促进梵文经典在西方的普及。

印度文化传入德国后，对德国哲学家和文学家产生了很大影响。德国哲学家黑格尔（W. F.Hegel，1770 年—1831 年）是最早认识和研究印度教神学的西方哲学家之一，他最终还把印度教思想吸纳到他的庞大哲学体系之中，尽管把印度教放在比西方哲学低的层次上。在德国哲学家中，对印度古代经典最推崇的，要数叔本华（Arhur Schopenhauer，1788 年—1860 年）。当叔本华阅读了奥义书之后，他给奥义书以极高的评价。他说：在这整个世界，没有比研读奥义书更令人受益和振奋的了。它是我的生的安慰，也将是我的死的安慰。另外，叔本华对印度思想在欧洲的影响，也做了充分的肯定。他在《作为意志和表象的世界》一书的序言中指出：我揣测，梵文典籍的影响之深刻将不亚于 15 世纪的文艺复兴。实际上，他在《作为意志和表象的世界》一书中所讲的内容，有许多都是受奥义书和印度教思想影响的。德国另一位著名哲学家，叔本华的继承人尼采（Friedrich Nietzsche，1844 年—1900 年），也对印度教十分感兴趣，他高度赞扬印度思想，甚至把《摩奴法典》比作基督教的《圣经》。

除了哲学家之外，德国诗人歌德对印度的文学和戏剧十分赞赏。1791 年，《沙恭达罗》被译成德文后，受到歌德的热烈欢迎，其热烈程度不亚于叔本华之对奥义书。他曾订出一个计划，准备改编《沙恭达罗》，将它搬上德国舞台。在歌德的诗集《神与舞女》和《贱民》的三部曲中，他所使用的素材都是一些印度的故事或传说。在《贱民》三部曲中，第一部是描述贱民向梵天大神祈祷；第二部是写一个婆罗门的妻子因为信仰不虔诚，被其丈夫砍了头，他的儿子想使她复活，却把她的头错接到另一个被处死的妇女身躯上，这样造成的那个新人，就成了所有贱民的保护神；第三部是写贱民对神的感恩。另一位德国著名诗人海因里希·海涅（1795 年—1856 年）对印度文化也颇感兴趣，他在波恩和柏林多次听德国梵文学家讲解印度的思想和文化。他在自己的散文著作中，一再评论西方印度学的最新成就，反对那些片面解释印度文化的观点，以及种种带有偏见的观点。在他的诗歌中，多次提到印度神灵和神话故事。由此可见，印度的思想文化对德国的影响是很广泛的。

印度哲学在美国先验主义运动中也曾起过重要的作用。美国先验主义运动，是柏拉图、斯威登堡和德国唯心主义等思想影响的混合物。该运动的主要人物之一爱默生（Ralph Waldo Emerson，1803 年—1882 年），他尽管不是东方学家，但是却读过许多梵文、巴利文文学作品的译本。他从这些作品中吸收了丰富的印度思想，而且不时把它们运用到他的诗歌，以及各种有关灵魂轮回的短论中。他和印度吠檀多思想家一样认为，灵魂源出于无限，又回归于无限。他的一首名诗——《梵天》，更充分地显示出印度思想对他的影响。

俄国文学家列夫·托尔斯泰（1828 年—1910 年）也深受印度教思想的影响。他在喀山大学读书时，开始接触东方文化。他对印度文化尤为感兴趣，这使他对印度思想有深刻的了解。托尔斯泰把印度教和佛教思想与相应的基督教概念融为一体，提出了他的非暴力原则。这种原则既有印度教和佛教的“戒杀”思想，也包含着许多现代人道主义的因素。托尔斯泰还专门写过一封《致印度教教徒的信》。圣雄甘地对托尔斯泰一直非常崇拜，他自认为是这位俄国作家的弟子，他们之间长期保持着通信联系。甘地的非暴力主义的一个重要来源就是托尔斯泰的思想。他在南非还建立了一个农场，命名为“托尔斯泰农场”。

法国著名作家罗曼·罗兰（1866 年—1944 年）也是受托尔斯泰的影响而

了解印度思想的。高尔基把他称作“法国的列夫·托尔斯泰”。罗曼·罗兰写过许多有关印度思想家的专著。例如，他写了评述甘地的专著，还写了《论印度的神秘主义与作用》，在此书中论述了印度教改革家罗摩克里希那及其弟子维韦卡南达的思想。另外，他还为罗摩克里希那和维韦卡南达专门写了传记。罗曼·罗兰对印度思想家的洞察力和高尚人格，都给予了极高的评价。

自19世纪后半叶，越来越多的欧洲人声称他们信仰印度宗教。1875年，俄国贵族布拉瓦茨基夫人和美国军官奥尔考特在美国纽约创立了一个新的宗教派别——“神智学会”。这种新型宗教，实际上是把印度教与西方神秘主义结合起来，鼓吹通过修行、冥想、净化等神秘活动，实现与神的交往。神智学会在欧美的知识分子中很流行。爱尔兰诗人威廉·巴特勒·叶芝深受神智学会和布拉瓦茨基夫人的影响，他也信仰印度教，并在爱尔兰创立了一个“奥妙社”。

在印度思想向西方传播的过程中，著名哲学家斯瓦米·维韦卡南达曾起过重要作用。1893年，他赴美国芝加哥参加世界宗教大会。会后，他在美国和欧洲停留三年多。在此期间，他在美国各地作了数十场有关印度教和吠檀多哲学的讲演，使美国人更多地了解印度思想。随后，他又访问英国、德国、瑞士等欧洲国家，到处宣讲吠檀多思想，弘扬印度的信仰与哲学。1896年，他在纽约创立了“吠檀多学会”。直至今天，这个学会在美国仍有很大的影响，尤其是在加利福尼亚。

第二节　印度教社团在西方的兴起

到了20世纪六七十年代，印度教向西方世界的传播达到了高潮。许多印度教的传教士在美国和欧洲建立起自己的印度教社团，颇受西方青年人的欢迎，大批欧美人加入社团。这些新兴印度教社团在西方的影响非常大，以至于使印度的宗教信仰、人生哲理、瑜伽修行等都变成欧美社会生活中不可分割的一部分。

下面介绍几个在西方有影响力的印度教社团：

一、国际黑天意识会

国际黑天意识会，是在欧美影响最大的一个印度教社团，亦称“哈里·克里希那运动”。1966 年 7 月，该组织在美国纽约创立，创始人是印度教大师斯瓦米·普拉布帕达（A.C.Swami Prabhupada，1896 年—1977 年），其法名为巴克蒂吠檀多（Bhaktivedanta）。

普拉布帕达生于加尔各答。1922 年，他毕业于加尔各答苏格兰长老会学院，获化学学士学位。同年，拜瑜伽派大师巴克蒂吠檀多·萨拉斯瓦吉为宗教导师，导师见他英文极好，要求他用英文宣传印度教思想。后来，他用英文撰写了《薄伽梵歌评注》，并于 1944 年创办了英文杂志《回归神性》，此杂志发行量很大。1950 年，他放弃家庭生活，全身心地投入印度教古代文献的整理和研究，宣传印度教毗湿奴派的教义。1965 年，他只身来到美国波士顿，后来移居纽约。1966 年 7 月，他在纽约下东区，创建了“国际黑天意识会”。这个教会颇受美国失意青年人的喜爱，不久在美国青年人中间迅速发展起来。后来，普拉布帕达以美国为基地，不断地将国际黑天意识会向全世界扩展。在他人生的最后 12 年中，他周游世界 14 次，几乎走遍了五大洲，到世界各地传教，宣讲他的教义，并在各国建立国际黑天意识会的分支。

该社团尊奉古代孟加拉黑天派的创始人阇多尼耶（Chaitanya，1486 年—1533 年）为自己的祖师，认为他就是黑天大神在人世间的化身，把他的教导和《薄伽梵歌》作为该社团的根本经典。这个社团强调，每一个信徒都必须对黑天充满无限的热爱和虔诚，并且具有狂热的宗教感情，因此对那些思想空虚、失意落魄的西方青年人颇具吸引力。在社团内部，实行新的种姓制度，他们把人分为四个种姓，但是种姓的划分不是根据出身和家世，而是根据个人的才干。信徒们都相信，人是由灵魂和肉体所组成的，人的灵魂是由黑天的精神力量构成的，人的肉体则是由黑天的物质力量创造的。因此，只要真心崇信黑天大神，服从黑天在世间的代表——灵性导师的教诲，修习各种敬拜黑天的行法，就可获得黑天的意识，最终实现精神的解脱和永生。

该组织严禁信徒们赌博、吸毒、食肉和非法的性关系。在他们的各个修道院中，未婚的男女一律分住，已婚的夫妇另设宿舍。每个修道院都有专职管理人员，要求信徒遵守印度教习俗，并着印度教服装。修道院经费的来源，主要是依靠信徒的募捐，以及销售他们出版的各种宗教书籍。

国际黑天意识会在西方青年人中影响相当大。在美国或其他西方国家城市的大街上，经常可以看见一队队身穿黄色长袍，手持黄色旗帜的青年人，他们一边行进，一边高唱“哈里，克里希那”的赞歌。“哈里·克里希那”是该团的会歌，此歌是赞美黑天和罗摩大神的颂歌。“哈里”，是印度教教徒呼唤神灵的用语；“克里希那”，是黑天大神的梵文发音。歌词的内容是：

哈里，克里希那；哈里，克里希那；
克里希那，克里希那；哈里，哈里。
哈里，罗摩；哈里，罗摩；
罗摩，罗摩；哈里，哈里。

为了表示对黑天大神的虔诚和挚爱，该组织要求信徒们在举行宗教仪式或列队行走时，必须反复地唱这首歌。因此，人们又把这个组织叫作“哈里·克里希那”。

现在，国际黑天意识会已经发展成一个世界性的宗教组织，大量西方人加入该社团。1977 年，该社团创始人普拉布帕达逝世。按照他的旨意，社团的领导权可以传给西方人，后来有 11 位西方的古鲁被选为黑天运动的精神领袖。国际黑天意识会在西方古鲁的指导下不断扩大，它在美国、英国、法国、德国、俄罗斯以及其他国家设有一百多个分会，并且建立了许多修道院、寺庙、学校和农业社团。1972 年，该组织成立了自己的出版社，名为“巴克蒂吠檀多图书托拉斯”。他们每年出版大量的普拉布帕达的著作，用英、法、德、意、俄等 30 多种文字印刷，在全世界发行。此外，他们还创办了一个定期杂志——《回归神性》，也用几十种语言在世界各地出版发行。

二、超觉禅定派

超觉禅定派，也是从 20 世纪 60 年代开始在西方流行的一个印度教新兴教派。创始人是印度教的瑜伽大师马哈里希·马赫什·瑜吉（Maharish Mahesh Yogi，1911 年—2008 年），其主要著作为《存在科学与生活艺术》。

马赫什 1911 年生于印度。青年时代，曾在阿拉哈巴德大学学习物理学。毕业后，潜心研究和传播印度教的瑜伽术。在喜马拉雅山山麓，他拜超觉蝉定法的创始者戴瓦为宗教导师，专门研习此功法达 13 年之久。1952 年，其导师去世后，他在印度创立了自己的超觉禅定派，并逐步向海外传播。

1959 年，马赫什首次到欧美各国，宣讲印度教瑜伽术和超觉蝉定法，以此来解脱人们的心理负担和精神痛苦。他宣传的功法，一天要做两次，每次要背诵许多咒语。一开始，西方人并不太相信这种功法，因此传播缓慢。到了 20 世纪 60 年代后期，英国摇滚音乐甲壳虫乐队及其知名歌星，纷纷参加此派，修习超觉蝉定术，并且感到此瑜伽术对缓解精神压力有益处。后来，在甲壳虫乐队的宣传下，超觉禅定派迅速在西方发展起来。1974 年，马赫什在美国创立了一所“马赫什国际大学”，专门传授超觉禅定行法。不久，又建立了一些有针对性的教学机构：“美国创造性智能科学基金会”，教授的对象是工商业管理人员；“灵性复兴运动”，主要针对一些患慢性病的中老年人。到了 20 世纪 70 年代末，在美国参加这个教团的人就有一百多万。另外，还有大批的人跟着电视学习他们推行的瑜伽术。

该派所传播的超觉蝉定法，实际上，是以印度教吠檀多哲学为理论基础的一种新型瑜伽行法。它要求修习者一边背诵咒语，一边坐禅（静坐冥思），借以平抑杂念、松心缓性，最终达到内心的喜悦和精神的解脱。在物质生活极度发达的西方社会中，人们普遍感到精神的压力和苦恼，因此许多人愿意修习此瑜伽，以修养身心，解脱精神上的痛苦。另外，一些患高血压、神经衰弱或糖尿病的中老年人，通过长期修习瑜伽，也可以使自己的病情得到缓解。

三、梅赫·巴巴教团

梅赫·巴巴运动，是20世纪六七十年代在美国兴起的一场新兴宗教运动。此运动的创始人是一位来自印度的宗教领袖，名为梅赫·巴巴（Meher Baba，1894年—1969年）。

早在20世纪二三十年代，梅赫·巴巴就在印度宣传一种以印度教为基础的新型宗教。他主张，世界上的各种宗教都是人与宇宙无限意识（上帝）相结合的道路上的各个不同阶段，世界上的各种神灵——佛陀、耶稣、穆罕默德、琐罗亚斯德、罗摩、克里希那等，也都是同一个神圣存在的不同表现形式。他宣称自己正是这一“降凡集团”的最新代表，他的使命就是要把普遍之爱撒满人间。梅赫·巴巴曾说：我一直在把爱的种子撒在你们的心田，为了让同一的感情产生在所有的民族、信仰、宗派和种姓中。在梅赫·巴巴的宣传下，许多印度人信仰他的教义，他在印度创立了自己的社团——梅赫·巴巴教团，有几十万信徒。这个社团的总部，设在阿马纳加尔附近的梅赫拉巴德。

从1930年起，梅赫·巴巴多次访问美国和欧洲，以传播他的新宗教，并在欧美建立自己的教团。起初，他的信仰者主要是青年人，人数并不多。19世纪60年代中期，他在美国南卡罗来纳州迈尔特尔海岸，建立了一个“梅赫精神中心”，此后他的教义才在美国青年人中间流行起来。他所宣讲的东方神秘主义学说，尤其受到美国嬉皮士青年的欢迎。当时，许多美国嬉皮士对吸毒和随意性行为已经感到厌倦，梅赫·巴巴经常到他们中间活动，做戒毒宣传，并讲解他的宗教能解除人的心理痛苦，给人带来巨大的精神快乐。他劝告那些吸毒者：通过吸毒和药物去寻找上帝，这只是一种幻想；吸毒的体验仿佛沙漠中的海市蜃楼，人们不可能在这种幻影中找到甘泉。只有参加他的教团，通过修习瑜伽，获得至善之神的神恩，才能使人实现精神的解脱。梅赫·巴巴的宣传，感召了一批又一批寻找精神寄托的青年人，因此，在美国很快兴起了一场梅赫·巴巴宗教运动。

梅赫·巴巴教义的核心，就是强调世界大同和普遍之爱。他认为，任何民族或宗教信仰者都具有天然的统一性，只要通过爱的行动，就可以使人与人的生活达到和谐统一，使他们获得精神的欢乐。自19世纪60年代以来，在美国各地成立了许多梅赫· 巴巴教团。这些教团没有统一严格的组织，每个教团基本上是自治的，他们有权发展组织、安排活动、解释教义等。在每个教团中，最有感召力和组织能力的人被推举为领袖。教团内部，没有严格的教规或戒律，也没有教派主义的气息。梅赫·巴巴教团虽然极力宣传自己的精神之道，但也吸收其他宗教信仰的合理性，承认其他精神体悟之道。他们并不大规模地布道，新成员的吸收主要通过熟人和朋友的介绍，任何人都可以参加或改信梅赫·巴巴教。入会的仪式异常简单，常常在大学校园、公共电话亭、教室的课桌旁悄悄地进行。那些参加梅赫·巴巴聚会活动，或佩戴梅赫·巴巴徽章的人，都被称作梅赫·巴巴的信徒。

四、神圣光明传教会

神圣光明传教会，又称“圣光传教会”。该社团发起于印度，20 世纪 70 年代传到美国，并在美国迅速兴起。其创始人是印度教大师室利·罕斯吉（Shri Hansji，1900 年—1966 年）。罕斯吉原本是印度安得拉邦纳加尔地区的一个印度教修道院的住持。1960 年，他在这个修道院基础上，创立了圣光传教会。1966 年罕斯吉去世，根据他的遗嘱，传教会的领袖由他的小儿子马哈拉吉（Maharaji）继承。马哈拉吉被人誉为“神童”，七岁时就通晓英文，八岁时开始布道传教。1970 年，年仅十二岁的他，在新德里的一次万人大会上发表了宗教演说，颇受听众欢迎，故一下子成为名人。就在当年，由一位美国企业家的邀请，他带领一批追随者来到美国，开始传播圣光传教会的思想。到美国之后，马哈拉吉一方面到处演讲，一方面利用媒体宣传自己的教义。由于他的少年魅力、朴实无华的语言和智慧幽默的演说，引起美国群众的极大兴趣。再加上当时美国正兴起一股反主流文化的思潮，东方宗教在美国人中颇受欢迎。因此，马哈拉吉的传教活动非常顺利，他所到之处，如纽约、洛杉矶、新奥尔良和奥克兰等市都为他举行盛大的欢迎仪式。1972 年，美国一位有名的激进分子戴维斯（Rennie Davis）加入了圣光传教会，故使这个教团名声大增。到了 1973 年，圣光传教会已在美国形成一种宗教运动，它在美国和加拿大建立了近 30 个传教中心，发展信徒 5 万多人。

圣光传教会继承和发展了印度教的吠檀多哲学和瑜伽思想。他们认为，人的灵魂——“我”与宇宙本体——“梵”在本质上是同一不二的，只要认识到这一真理，并通过不断的瑜伽修行，去证悟这一真理，就可以使人摆脱世间的痛苦，达到一种永恒欢乐的境界。另外，他们主张，要提高瑜伽的效果，就要克服私欲、加强道德修养。因此，他们要求信徒不杀生、不奸淫、不贪财、不吸毒、不抽烟饮酒、一律素食。这个教会甚至奉劝那些虔诚的信徒将自己的财产奉献给教团，共同在寺院中过集体的禁欲生活。

圣光传教会的总部设在美国的丹佛，后来在欧洲各国和以色列也设立了一些传教中心。1974年，马哈拉吉和自己的秘书——一位美国小姐结婚，并开始过豪华生活。这件事造成了不良的后果：他的行为是对他宣传的教义的严重失信，许多信徒对他的教义表示怀疑。从这以后，该社团在西方传播的热潮逐渐降温。1979年，该社团把总部从丹佛迁到迈阿密，并且进行了一些改革。尽管如此，圣光传教会在美国的影响力已经大大降低了。

第三节　走向全球的印度教

随着印度教教徒在海外移民的不断增加，尤其是20世纪60年代以后，各种新兴印度教社团在欧美各国的建立以及大批西方人的加入，标志着一个走向全球的印度教正在悄悄形成。

在近现代，印度有两次大的移民潮：第一次移民潮，是在19世纪到20世纪初，这次移民的群体主要是印度的下层民众，他们为了寻找工作机会而大量移居到斯里兰卡、缅甸、马来西亚、南非、斐济群岛和西印度群岛。这些移民绝大多数作为劳工，移居到英国的各个殖民地或属地。尽管他们生活贫困，但是仍然保持着自己的宗教信仰和生活习俗，在自己居住的社区建起了印度教神庙，祈祷自己崇拜的神灵。第二次移民潮，是在1960年以后，一直持续至今。这次移民是以印度中产阶级和受过高等教育的城市新贵为主，他们大都移居到美国、加拿大和欧洲各国，从事工程师、电脑程序设计师、医生、经济师等专业工作。这些新移民也保持着自己的信仰和生活习俗，敬拜自己崇拜的神。应当说，印度近现代的这两次移民潮，大大地促进了印度教走向世界、走向全球。

美国西密歇根大学亚洲宗教系教授西贝尔·夏塔克，在评论印度教走向世界时指出：印度境外的土地已经缓慢地被印度教神圣化了。在美国，印度教信徒可能以密西西比河或是密苏里河代替恒河和朱木拿河，从而北美洲的水就成了圣水。象头神和其他印度神祇的泥雕神像经常游行经过欧洲和美洲的街头，并沉入当地的水道中。在欧洲和美国境内，以传统的建筑形式兴建、拥有神像的较大型的印度寺庙，已成为信徒的朝圣地。而在旧金山金门公园内，甚至可见到湿婆神的男根形象。

事实上，20世纪60年代以后，许多东方宗教，如佛教、印度教等在西方各国迅速传播，这正说明当今世界上有一种东西方文化相互融合的趋势。这种趋势的产生并不是偶然的，而是有深刻的社会原因的：

首先，美国和西方社会是物质生产力极度发达的社会，在这个社会中现代工业和科学技术几乎可以满足人们在物质生活方面的一切需要，但是在人的精神生活上，仍然存在着各种各样的烦恼和痛苦。一方面，机械化的生产方式和现代科技的应用使人的神经长期处于高度紧张的状态中，引发了人在精神上的诸多疾病。另一方面，市场经济下的激烈竞争、对物质的极端追求和个人主义的过度膨胀，也使人们迷失了理智和道德，从而造成社会的病态和畸形。在这种社会环境中，人们不得不去寻找精神上的安慰和避难所。当西方的基督教不能解决这些精神问题时，人们便到东方的宗教中去寻找安慰和寄托。青年人，尤其是对现实社会不满的青年人，对东方文化和宗教表现出极大的兴趣和热情。美国的嬉皮士和英国甲壳虫乐队对印度教的热烈追求，就是典型的例子。

其次，印度教是东方重要的宗教之一，其核心思想是“梵我同一”和瑜伽修行。这种学说主张，人的内在精神（小我）和宇宙精神（梵或大我）在本质上是同一不二的，因此，只要人们通过精神证悟，体验到“梵我同一”的真理，就可以达到人与自然的和谐统一。在精神证悟的过程中，人们必须修炼各种瑜伽行法，包括静心、凝神、内观、冥思、三昧等各种心理调控法。静坐冥思、意守丹田的过程，可以使人们缓解压力，暂时摆脱世俗的各种烦恼，这一点正是精神痛苦者所需要的。再者，印度教还主张抑制物质需求和自私欲望，鼓励人们去追求理想的精神境界。此外，新兴的印度教派亦提倡普遍之爱，提倡一个不分种族、阶级、信仰、肤色的充满爱心的理想社会。这些也是不满现实社会的西方青年人所极力向往的。印度教新兴教派正是具备了这些特点，才能在美国和西方社会得到传播和发展。

最后，在当今世界上，东西方文化的融会是趋势。西方文化传到东方，东方文化也传到西方。无论西方文化，还是东方文化，当它传到对方的国土时，都要和对方的文化相结合，才能真正扎下根来。印度教文化传到西方，也有一个和西方文化相融汇、相结合的过程。一些新兴印度教社团，虽然宣传印度教哲学，但也吸收许多西方现代思想，如强调个性解放的弗洛伊德主义和存在主义等，并使两者融合在一起，因此才能在西方得到广泛的传播。另外，它们一方面传播瑜伽，另一方面又大量吸收现代科学和医学的内容，把印度教的瑜伽与现代医学、生理学和心理学等方面知识紧密结合起来。只有这样，它们才能在西方人中间流行。

第十八章　日新月异的中印文化交流

近代以来，由于中印两个文明古国都受到西方列强的入侵，先后被沦为殖民地或半殖民地。故而，两国的文化交往比古代时也大为减少。直到20世纪20年代，印度伟大的诗人泰戈尔访华，才逐渐掀起中印文化交流的热潮。20世纪中叶以后，伴随着中印两国的民族独立和国家富强，双方的文化交往也迅猛发展，日新月异，呈现出一个崭新的局面。

第一节　20世纪20年代至1949年

一、1924年泰戈尔访华

印度现代诗人泰戈尔于1913年获得了诺贝尔文学奖，因而闻名于中国，在中国的知识界产生了巨大的影响。泰戈尔青年时代就向往中国文化，很早就想访问中国。1923年，他派人来中国，表达想访华的愿望。当时，由中国著名学者所组织的学术团体——讲学社（其成员包括梁启超、胡适、徐志摩等）欣然接受，准备热情接待。泰戈尔访华的消息一传出，引起中国文化界的极大振奋。当时颇有影响的《小说月报》曾连续出版两期“泰戈尔专号”，发表了一批翻译成中文的泰戈尔诗歌、小说和戏剧作品，此外还刊载了许多欢迎和介绍泰戈尔的文章，如郑振铎的《欢迎泰戈尔》《泰戈尔传》、徐志摩的《泰戈尔来华》等。

1924年4月12日，泰戈尔一行抵达上海，受到文学研究会、上海青年会等学术团体和各界知名人士的热烈欢迎。在欢迎会上，泰戈尔感慨地说："这是我最高兴的日子，我们两大民族千年前就结下了不朽的友谊，这种友谊一直深藏在我们心中。我盼望着我们两大东方民族的复兴，有一个伟大的未来。"他的讲话深深地打动了中国听众的心。

在中国，泰戈尔先后访问上海、杭州、南京、济南、北京、太原、武汉七个城市，时间近五十天，直到5月30日才离开中国。在上海，他观赏了桃花；在杭州，泛舟观赏西湖美景，游览灵隐寺；在南京，参观了明孝陵；在北京，游览了法源寺、北海和故宫的御花园；在太原，游览了晋祠和文瀛湖公园……他对中国的传统文化、古典建筑和美丽风光流连忘返、赞不绝口。此外，泰戈尔对中国的书画和戏曲文化特别感兴趣，他在北京会见京剧大师梅兰芳时，提出要在离开北京前能看到他的戏。梅兰芳当即邀请泰戈尔看他自己新排的神话剧《洛神》，这是根据中国古代文学家曹植所作的《洛神赋》改编的。几天以后，泰戈尔真的在北京"开明戏院"的包厢里，欣赏到梅兰芳大师的精彩表演。他对中国友人的热情以及京剧艺术的唱腔、音乐、服装、道具和表演赞叹不已。

泰戈尔在中国各地发表了多次演讲，如在北京演讲的题目是"自传演讲""巨人之统治与扑灭巨人"等，都颇受中国文化界的赞赏。泰戈尔的演说有一个中心的主题，就是要复兴东方文化，以对抗西方文化的挑战。他认为，西方文化的特点是极端重视物质的作用，强调个人主义、物质享乐、自私自利、欺小凌弱；而东方文化则注重精神的作用，强调个人修养、消除私欲，主张人与自然、人与社会的和谐统一，宣扬"大爱与和平"等。因此，他呼吁中印两大民族要联合起来，在继承传统文化精华的基础上不断地发扬光大，从而振兴东方文化，增强民族自信心，以抵制西方文化优越论，抗衡西方文化的入侵。泰戈尔的演讲震撼了中国知识分子的心灵，增强了中国人的民族自信心。

泰戈尔访华以后，在中国掀起了一股“泰戈尔热”和“印度文化热”，中印的文化交流也随之逐步恢复和活跃起来。应当说，泰戈尔的访问对推动现代中印文化交流起了重要的作用。

二、1935 年中印学会成立

在 1924 年以后，在“印度文化热”的推动下，许多泰戈尔有名的诗集，如《吉檀迦利》《新月集》《园丁集》《飞鸟集》等都陆续被翻译成中文。一些中国大学的哲学系开设了印度哲学的课程，如北京大学、南开大学和武汉大学等。另外，在中国佛教复兴运动中，各地建立了许多现代佛学院，如上海和杭州的华严大学、南京的支那内学院、武昌佛学院、闽南佛学院等。这些佛学院的学生不仅学习印度佛学，而且学习印度教的六派哲学，以增进对印度文化的全面了解。

1933 年，为了进一步促进中印文化的交流，中国文化界和知识界提出建立一个统筹中印文化交流的组织——中印学会。当年 6 月，召开了成立中印学会的筹备会议，会议的发起人有谭云山、周谷城、梁漱溟、徐悲鸿、太虚法师等 43 人。在筹备会议上，制订出学会的“总章程”，即“中印学会：计划、总章、缘起”。“总章”的“序言”指出：自欧洲列强东进，中印两国同受披靡，均有一蹶不振之势，两国关系几乎断绝。时至今日，两国人民应当联合起来，一方面恢复过去的传统友谊，一方面开创新的关系。首先，应以沟通两国文化开始。因此，中印学会的主旨是研究中印学术，沟通中印文化并融合中印感情，联合中印人民，以创造人类和平，促进世界大同。

1935 年 5 月 3 日，中印学会在南京正式成立。蔡元培当选为理事会主席，戴季陶当选为监事会主席。这是中国历史上第一个中印文化交流的民间组织。应当指出，在泰戈尔的关心下，1935 年 4 月在印度也建立一个同样的学术组织，名字也叫“中印学会”，其总部就设立在泰戈尔创办的国际大学内，泰戈尔任主席，后来尼赫鲁担任名誉主席。

这两个组织的建立，对推动以后的中印文化交流起了重要作用。比如，双方互派学者讲学、互派人员访问、互换书籍等，皆通过这两个组织的联系沟通。在蔡元培和泰戈尔的直接关注下，中国的“中印学会”首先决定赠送给印度的“中印学会”一批中国古籍，这些古籍陆续运到印度，由泰戈尔国际大学图书馆收藏。

三、谭云山与泰戈尔国际大学的中国学院

泰戈尔早在1901年就在印度加尔各答市附近的圣蒂尼克坦建立了一所小学。到了1921年，由于这所学校规模的不断扩大，就更名为“泰戈尔国际大学”。泰戈尔创办这所大学的目的，就是增进印度青年对世界的了解，用东西方最好的教育方式培养学生，以加强印度人与世界各国人民的友谊。

1924年泰戈尔访华以后，他一直想在国际大学内建立一所中国学院，以邀请中国学者来此讲学，向印度学生传授中国语言和文化知识，也可以请中国学生来此学习印度文化。经过多年的努力和策划，他终于在1937年4月14日迎来了中国学院的成立典礼。应当说，这是中印文化交流史上的一件大事。此事受到国大党领导人甘地和尼赫鲁的高度重视，甘地写信给泰戈尔表示祝贺，尼赫鲁本来答应主持成立典礼，但因生病，则派他的女儿英迪拉前来参加盛典。中国方面得知中国学院成立也非常重视，蒋介石给泰戈尔发电报表示祝贺，蔡元培和戴季陶代表中印学会发电祝贺。泰戈尔本人亲自在成立庆典上致辞：今天对我来说是一个伟大的日子，我盼望已久的这一天终于来到了。中印两国人民相互了解，友谊与日俱增，中国学院的成立是这种友谊的象征和结晶。我希望中国的学者和学生来到这里，与我们同甘共苦，共创一个伟大的事业。

在成立庆典上，泰戈尔任命中国学者谭云山先生为中国学院的院长。谭云山代表中国文化界感谢泰戈尔对恢复中印文化交流所做出的贡献，并表示他和他的学生将永远为中印文化的沟通而努力。

谭云山出生于湖南省茶陵县一个书香门第，自幼受中国传统文化教育。1915年考入湖南省第一师范学校，曾参加毛泽东创办的新民学会和新文化书社。1924年，赴南洋留学并教书。1927年，在新加坡结识泰戈尔，泰戈尔邀请他赴国际大学任教。1928年9月，谭云山来到泰戈尔国际大学，一方面学

习梵文、佛学和印度文化，另一方面为印度学生开设中国语言和文化的课程。谭云山是第一个来印度国际大学任教的中国学者，从此与泰戈尔结下了深厚的友谊。1937 年国际大学中国学院成立以后，他被任命为院长，主持中国学院的工作。1939 年，他把夫人和两个孩子接到国际大学，全身心地投入学院的教学和院务工作。在这里他与印度同事共同奋斗了几十年，直到 1967 年退休。退休后，他仍然居住在这里。1979 年国际大学授予他文学博士学位。

此外，谭云山也为中印友谊和文化交流做出了杰出的贡献。1935 年，经谭云山的倡导和积极努力，促成中国“中印学会”的成立，他被选为学会秘书，专门负责中印之间的联系和沟通。1936 年，他把在中国募集的款项和 10 万册图书带到印度国际大学，以资助国际大学中国学院的建设。1939 年，他促成尼赫鲁访华。1940 年，他促成佛教大师太虚和尚率领的中国佛教代表团访问印度。1942 年，蒋介石访问印度期间，谭云山曾安排尼赫鲁与蒋介石会见，并陪同蒋介石夫妇参观国际大学。1944 年，他促成印度著名哲学家拉达克里希南到中国重庆等地讲学。1950 年中印两国建交时，谭云山以长沙第一师范学校老同学的身份，从印度给毛泽东主席发来贺电。1956 年 9 月，他应邀回国参加国庆观礼，在中南海受到毛泽东的接见。

2008 年 11 月，深圳大学建成了一座“谭云山中印友谊纪念馆”，以纪念这位现代中印文化交流的伟大使者，以及他为中印友谊所做出的巨大贡献。

四、1936 年教育家陶行知访问印度

陶行知是中国著名的教育家和社会活动家。他是安徽歙县人，属晋代大诗人陶渊明的后裔。其父为基督教徒，因家境贫寒，他被允许在教会学校读书。1914 年毕业于金陵大学，后赴美国哥伦比亚大学攻读教育学。1917 年回国，先在南京高等师范学院任教，后任东南大学教育系主任等职。1922 年，他与黄炎培等人组建了中华平民教育促进会，主张教育平等，提倡平民教育、乡村教育、教育面向大众。

1936 年—1938 年陶行知在赴欧洲考察的过程中，曾先后两次访问印度。1936 年 7 月，前往欧洲途中，他在印度考察了五天；1938 年 8 月，在从欧洲

归国时，再次访问印度十天。他首访印度时，只对印度有个走马观花式的了解；再访印度时，则对印度进行了深入的考察。1938 年 8 月 8 日，陶行知乘船抵达印度马德拉斯，开始了他再访印度的行程。8 月 11 日，他到加尔各答附近的圣蒂尼克坦拜见泰戈尔，并参观了国际大学。早在 1924 年泰戈尔访华时，陶行知就结识了泰戈尔，并对他面向大众的教育思想十分钦佩。8 月 12 日，国大党主席鲍斯在加尔各答为陶行知举行欢迎会和茶会。参加欢迎会的有学生、工人、农民的代表和国大党领导人。鲍斯在致辞中，表达了国大党人对中国人民抗日战争的支持。8 月 14 日，陶行知在瓦尔达拜见了甘地，并参观了他创办的“真理学院”。陶行知曾问甘地，什么是他倡导的“瓦尔达教育计划”。甘地说，其核心就是先教学生一种手工业技艺，以此吸引农村青年来学习，然后再一边劳动，一边进行文化教育。后来，陶行知亲自考察了中央省瓦尔达的教育情况，看到了正在推行的甘地所倡导的农村教育计划。其特点就是教育与劳动相结合，半工半读，财政自立，实行民族教育，不依赖英国殖民当局，不受殖民当局的控制。这种教育方式在瓦尔达取得了良好的效果。甘地的教育思想和实践，给了陶行知极大的启示。这为他推广中国式的平民教育提供了一个样板或典范。

归国后，陶行知应甘地的请求，用英文写了一篇题为“中国大众教育运动”的文章，介绍在中国开展平民教育的情况。甘地收到后，非常高兴，把它分三期登载在他所创办的《哈里真》杂志上。这说明，早在 20 世纪 30 年代，中印两国的平民教育家就已经开始交流教育改革的经验了。

五、1939 年画家徐悲鸿访印

徐悲鸿是中国现代著名画家。出生于江苏省宜兴，自幼练习书画；1917 年东渡日本考察美术，1918 年被蔡元培聘为北京大学画法研究会导师；1919 年赴法国巴黎美术学院学习油画，打下了素描写实和西方油画技法的基础；1927 年归国后，任中央大学艺术系教授、北京大学艺术学院院长等职；新中国成立后，任中央美术学院院长。

1939 年冬，应泰戈尔的邀请，徐悲鸿赴印度泰戈尔国际大学讲学，一直到1941年归国，时间有两年之久。在国际大学，徐悲鸿给印度学生讲授中国画的历史、技法，以及东西方画法的区别等。此外，他自己还进行了大量的艺术创作。在与泰戈尔的接触过程中，他给泰戈尔画了十几张肖像画，有素描、速写、油画，还有中国的工笔画。这些画作，泰戈尔十分欣赏。他建议在印度给徐悲鸿举办画展，没过多久，就在圣蒂尼克坦和加尔各答举办了徐悲鸿的画展。泰戈尔亲自为画展写了序言：美的语言是人类共同的语言，我们从中国艺术大师的画作中可以感受到美的灵感，增强我们对中国文化的了解。一次，甘地来圣蒂尼克坦访问，在泰戈尔为甘地举行的欢迎会上，徐悲鸿抓住机会，为甘地画了两张素描像，画像非常成功，不仅形似，而且神似，受到甘地的高度赞赏。泰戈尔不仅是一位诗人，而且也是个画家，他一生作画2000多幅，他请徐悲鸿和印度著名画家为他筛选，最后选出300余幅最好的作品，泰戈尔非常满意。他把这些好的作品拿出来，在世界多地举行自己的画展。

徐悲鸿在印度的所见所闻，大大地激发了他的创作灵感。他的许多名作都是这个时期在印度画出的。如，他的彩墨画《群马》就是1940年他在大吉岭创作的。当时，他欣闻中国抗战鄂北大捷的消息后，豪兴大发而作成。他说，他所画的马就是参考了在大吉岭所看到的各种良种骏马。又如，他的巨幅油画《愚公移山》也是在国际大学开始动笔，而在大吉岭最后完成的。他根据古代愚公不怕艰难移山不止的寓言故事，表达了他对中华民族抗战必胜的坚定信念。在印度期间，徐悲鸿共创作各种画作50余幅，其中有几幅作品至今陈列在国际大学的泰戈尔纪念馆中，这些佳作将永远成为中印人民友谊的 见证。

六、徐梵澄与奥罗宾多修道院

徐梵澄是中国著名的梵文学者和佛学专家。他生于湖南省长沙市，童年时就学私塾，国学根底深厚；后考入长沙教会学校——“雅礼中学”，接受西式教育，打下英语基础；1928年，考入上海复旦大学西洋文学系，专修文学，（此间，曾结识鲁迅并与之有书信来往）；1929年至1932年留学德国，在柏林大学、海德堡大学修习艺术史专业；1933年回国后，他曾在上海的同济大学、国立艺专任教，讲授美术史等课程。

1945 年，徐梵澄出于对佛学的兴趣，自愿申请赴印度讲学。当时，根据中国政府与印度所签订的文化交流协定，中印双方有互派学者到对方国家讲学的计划。当年 8 月，徐梵澄的申请获得中国政府批准。12 月 11 日，他乘飞机抵达印度，到泰戈尔国际大学报到，受到泰戈尔本人和中国学院院长谭云山的热烈欢迎。徐梵澄在中国学院任教五年，他用流利的英语向印度学生讲授中国的历史、哲学、文学、艺术等，而且讲解中国佛教的发展历程和佛学知识，包括唯识论和因明学等。

1951 年 2 月，徐梵澄到印度东南海滨的本地治里市，参观奥罗宾多修道院（Aurobindo Ashram）。在该院的盛情邀请下，他决定留在修道院的华文部工作。

他在华文部的工作有两项：一是给修道院的学员讲授中国文化；二是把奥罗宾多的著作翻译成中文。他给学员上的第一堂课，是讲授中国东晋佛教高僧——僧肇所著的《肇论》。他介绍佛教在中国的传播和发展，并讲解了《肇论》的思想内容和学术价值。1953 年 8 月 5 日是印度建国六周年纪念日。为了向印度人介绍中国文化，徐梵澄举办了“中国历史文物图品展览”，展览分为五部分：建筑与石窟艺术、礼器与宫廷文物、造纸与印刷技术、陶瓷与烧制工艺、文字与书法绘画。展览举办十天，获得了巨大成功。1962 年，徐先生编写了一部中国书法字典，内容包括：甲骨文册页、楷书册页和金文册页，并专门写了一篇介绍中国汉字起源和发展的文章作为序言，题为“中国语言文字的历史”。此书对印度人民了解中国语言文字的发展和特点起到了非常重要的作用。徐梵澄在奥罗宾多修道院工作了 28 年，直到 1978 年归国。

从 1945 年至 1978 年，徐梵澄在印度工作了 33 年，他是赴印讲学的中国学者中在印度停留最长的学者之一。他把大半生的心血和精力，都奉献给了中印文化交流的伟大事业。他的贡献有三：一是向印度人民广泛传播中国文化，帮助印度人民全面了解中国；二是把印度古代经典五十种“奥义书”从梵文译成中文，在中国出版了《五十奥义书》，从而成为第一个翻译如此多“奥义书”的中国人；三是翻译印度现代哲学家奥罗宾多的学术著作，他几乎把奥罗宾多所有有关哲学、瑜伽和社会学的著述都翻译成中文，如《神圣人生论》

《社会进化论》《瑜伽的基础》《综合瑜伽》等。这些译著大大增进了中国人对印度现代哲学的了解。

七、印度汉学家师觉月与北京大学

师觉月（Prabodh Chandra Bagchi，1898 年—1956 年）是印度著名的汉学家和佛学家。出生于孟加拉杰索尔县（今属孟加拉国），自幼好学，曾入克里希那纳格尔政府学院学习梵文；1920 年，获加尔各答大学历史学硕士；后在泰戈尔国际大学学习汉语和藏文；1923 年—1926 年，赴法国巴黎大学留学，获文学博士；归国后，在加尔各答大学任教；1945 年，在国际大学中国学院任中国文化研究室主任。

1947 年，独立以后的印度政府派师觉月到北京大学工作，他成为近代以来第一位担任北京大学讲座教授的印度学者。当时，他受到北京大学校长胡适和师生们的热烈欢迎。师觉月主要在北大东方语言文学系和哲学系任教。在东方语言文学系，他与中国梵文专家季羡林、金克木一起，共同推进梵语、巴利语和佛教文献等领域的研究，并参与北大的“印度学”学科建设。在哲学系，他开设了必修课“印度哲学史”。另外，还在历史系开设选修课“印度古代史”和“印度古代文化”等。在北京期间，他还结交了许多中国的佛教学者，曾与周达甫合作研究菩提迦耶出土的汉文碑文，并写成《对菩提迦耶汉文碑铭研究的新解读》一文。师觉月在中国工作了两年，1948 年底回国。1952 年，他随印度首个访华代表团再次访华。1954 年，他出任泰戈尔国际大学第三任校长。他的代表作为《印度与中国：千年文化关系》，该书从印度人的视角和观点出发，运用大量新的资料阐述了中印两国一千多年的文化交流史。

2008 年 11 月，北京大学举办了“师觉月诞生 110 周年的学术研讨会”，以纪念这位对中印文化交流做出过突出贡献的印度学者。

第二节　1949年新中国成立至今

1949年新中国成立。1950年4月1日，中印两国正式建立外交关系，印度是最早承认中国，并与中国建交的国家之一。20世纪50年代，中印两国的友谊日益增进，文化交往也出现一个热潮。但是，1962年中印边界冲突以后，两国文化交流曾一度陷入低谷。到了1988年，印度总理拉吉夫·甘地访华，中印双方在政治上达成了谅解，并商定加强两国经贸、科技和文化领域的合作和交往。此后，中印文化交流又呈现出一个新的局面，文化交流活动日益频繁。下面，我们只选一些重要的文化活动加以阐述。

一、1952年“中印友好协会”成立

1952年5月16日，“中印友好协会”在北京成立。这是一个专门从事中国与印度之间文化交往的全国性民间团体，从属于中国人民对外友好协会。文化部副部长丁西林担任首任会长，他为增进中印两国的民间文化交流进行了长期努力，力图通过民间交流促进两国人民的友谊。

中印友好协会的主要职能有三个：一是组织各种民间代表团互访。自中印友好协会成立以来，它组织了中国各阶层的民众代表团访问印度，增进了中印不同行业、不同领域人民群众的相互了解。二是举办各种纪念活动。在重大节日和纪念日来临之际，组织举办有助于增进两国人民了解和信任的文化活动。三是主办各种会议和论坛。结合中印关系的发展，尤其是文化交流的各种主题，组织举办相关的会议、论坛和研讨会等。

在中印友好协会成立以后，印度也成立了同样的组织。1953年12月，“印中友好协会”在新德里正式成立。当时，以丁西林为团长的中印友好协会代表团赴新德里参加了印中友好协会的成立大会以表祝贺，并商议了各种合作事宜。中印双方“友好协会”的相继建立，为促进两国人民的友好交往和文化交流奠定了组织基础。

二、1954 年中国大型文化代表团访问印度

1954 年，应印度总理尼赫鲁的邀请，中国政府派出一个大型文化代表团访问印度。代表团团长为文化部副部长郑振铎，副团长是上海市委宣传部副部长、著名作家周而复。他们率领的代表团，一行 60 人，由音乐团、舞蹈团和京剧团组成。京剧团包括著名演员袁世海、李少春、叶盛兰、李和曾等。舞蹈团由著名舞蹈家戴爱莲任艺术指导。代表团抵达印度后，受到印度政府高规格的接待，尼赫鲁专门指定他的女儿英迪拉·甘地为接待委员会主席。

中国文化代表团访问了新德里、加尔各答和孟买等大城市，并游历了印度的许多名胜古迹，时间近两个月。代表团在几个大城市进行演出，获得圆满成功。印度民众对中国的京剧演出感到震惊，他们对京剧的唱腔、脸谱、动作、服装非常感兴趣，尤其对李少春表演的孙悟空的形象极为着迷。在印度神话中有一个神猴哈努曼，深受印度民众的崇拜，孙悟空的形象和广大神通与印度神猴哈努曼十分相似，故而受到印度人的格外关注和喜爱。在演出期间，中国的一些舞蹈演员为印度舞蹈的魅力和美妙所吸引，在戴爱莲艺术指导的鼓励下她们开始学习印度舞蹈。其中，演员张均专门赴印度学习舞蹈，学习印度的塔吉克舞、婆罗多舞和奥迪西舞等，后来她成为中国表演印度舞的著名艺术家。

中国文化代表团首次访印，不仅增进了中印人民对双方文化的相互了解，而且促进了两国艺术家的相互学习和交流。

三、1956 年中国佛教代表团访问印度

1956 年，世界佛教复兴运动进入高潮。为了扩大影响，印度政府举办了纪念佛陀（指佛教创始人释迦牟尼）涅槃 2500 周年的大典。这在世界佛教发展史上是一件大事，因此受到信仰佛教国家的极大重视。为此，中国总理周恩来曾向印度政府发去贺电。中国佛教界积极响应，派出以佛教大师班禅、佛教协会会长赵朴初为团长的中国佛教代表团参加这次盛典，并且朝拜了印度的许多佛教圣地。这次访问大大地增强了两国佛教界的友谊。

此后，中国佛教代表团访问印度的次数日益增多。如 2011 年 11 月 18—26 日，应印度文化关系委员会的邀请，中国佛协副会长学诚法师率领中国佛

教代表团一行 27 人访问印度，受到全印比丘僧伽会会长马维利和菩提伽耶中华大觉寺主持日照法师的热烈欢迎。在印度期间，代表团还参拜了菩提迦耶（佛陀成道地）、那烂陀寺等佛教圣地。21 世纪以后，每年赴印度朝圣的中国佛教徒高达数十万人。因此说，中印佛教的交流也是两国文化交流的重要组成部分。

四、2007 年玄奘纪念堂在印度建成

玄奘是我国唐代著名高僧。从 629 年至 645 年，他为寻求佛教真理历尽千辛万苦赴印度 17 年，其中有 5 年时间（634 年—638 年）在当时印度的佛教中心——那烂陀寺学习佛教经典。因此，那烂陀寺在中国人心目中是佛教圣地，也是中印人民友谊的象征。20 世纪 50 年代，中国佛教代表团访问印度时，就提出在那烂陀寺遗址旁修建一座“玄奘纪念堂”，后因种种原因，而未能实现。

2005 年 4 月，时任中国总理温家宝访印时，他与印度总理 M. 辛格商定，把修建玄奘纪念堂作为两国文化交流的重要项目。中国国家宗教局作为中方实施单位，印度则成立“那烂陀玄奘纪念堂修缮委员会”负责此事。在两国专家、学者和工程技术人员的共同努力下，玄奘纪念堂修缮工程顺利完成。2007 年 2 月 12 日，举行了盛大的玄奘纪念堂落成典礼。

那烂陀寺位于印度比哈尔邦巴特那市东南，现在仍有遗址存在。7 世纪玄奘在此学习时，它曾是当时印度佛教最大的学术中心，有众多的学者和学生在此学习和研究佛教理论。玄奘纪念堂的建成，为那烂陀寺遗址增添了一道具有中国特色的独特风景。玄奘纪念堂占地面积约 4.5 公顷，是一座中国古典式的建筑，类似于中国佛教寺院的大雄宝殿，气势宏伟，规模巨大。在纪念堂庭院的入口，有一座中式门楼。在纪念堂前面宽阔的草坪上，矗立着玄奘西行取经的纪念碑。在草坪上的钟亭里，悬挂着铸有梵文和中文《心经》的巨钟。走进高大而宽敞的纪念堂大厅，一眼就可以看到玄奘舍身求法的青铜立像。大厅两侧的墙壁上，挂着有关玄奘生平的铜版画。大厅内还陈列着大量的艺术品和中国政府赠送的清朝乾隆时期的大藏经。

玄奘纪念堂在印度的建成，不仅是中印两千多年佛教文化交流的象征，

而且也是两国人民传统友谊的重要标志。

五、2010 年洛阳白马寺印度式佛殿的落成

2005 年 4 月，时任中国总理温家宝访问印度时，还与印度总理 M. 辛格签订了一个重要的文化协定——《印度在中国洛阳白马寺院西建造印度风格佛殿的备忘录》。2006 年 4 月 26 日，佛殿开工仪式在白马寺举行。2010 年 5 月 29 日，佛殿正式建成。当时，正赶上印度总统 P · D · 帕蒂尔访华。因此，帕蒂尔总统到河南省洛阳市，亲自出席白马寺印度风格佛殿的落成典礼。这是中印文化交流史上的一件大事，受到两国政府的高度重视。

洛阳白马寺是中国最早建成的佛教寺院之一，位于洛阳市东 10 千米处。据史料记载，东汉明帝永平七年（64 年），曾派使节赴印度寻求佛法，几年后请来了印度和尚，他们用白马驮着大量佛经，回到洛阳。为了纪念这个历史事件，故建一座寺院，命名为“白马寺”。本寺特点是庙门前矗立着两匹用大理石雕刻的白马。印度领导人对洛阳的白马寺格外重视，因为它是印度佛教传入中国的历史见证。

现今，在白马寺的东边，印度出资修建的这座新佛殿，具有印度的建筑风格和特点。佛殿坐西向东，东西长 100 米，南北宽 60 米，面积 3450 平方米。佛殿的主体工程是一个有大型圆顶的建筑物，顶高约 30 米，是印度设计师仿照世界佛教文化遗产——桑奇大塔的形式和风格所设计的。印度政府为此出资 5000 万卢比，是印度在境外捐建的第一座佛殿，这体现了中印人民通过佛教而结下的深厚情谊。白马寺本来就是中国重要的文化遗产，印度捐赠的佛殿又为它增添了一道靓丽的风景和印度特色。

六、2014 年《中印文化交流百科全书》出版

2010 年 12 月 15—17 日，时任中国总理温家宝再次访问印度，同印度总理 M · 辛格举行会谈。双方宣布 2011 年为“中印文化交流年”，两国将分别邀请对方国的青年互访，深化在传媒、教育等领域的交流合作。双方认为，中印人民已有两千多年文化交流的历史，为了牢记这段历史并教育青年一代，因

此决定启动《中印文化交流百科全书》的编纂工作。

由于是两国总理的决定，双方的政府都非常重视。中方是由国家新闻出版广电总局外事司负责，印方则由印度外交部对外宣传秘书指导。《中印文化交流百科全书》的编纂工作从 2011 年正式启动，首先由两国专家组成的“中印联合编审委员会”，确定编写的原则和条例，然后由双方的专家分头撰写具体条目，最后再经联合编审委员会严格审查。中方的主编由中国社会科学院亚太与全球战略研究院研究员、中印文化交流领域的专家薛克翘教授担任，他聚集了数十名研究印度各个领域的专家学者，经过 4 年的努力，终于编写出中文的“中印文化交流百科”。然后，与印度学者编写的英文“印中文化交流百科”相互比较、对照和补充，最终确定一部双方都认同的《中印文化交流百科》。此书于 2014 年 6 月分别于北京和新德里出版，中国出版中文版，印度出版英文版，全书共 158 万字。后来，应中国读者要求，中国学者又进一步对该书进行补充和扩大、适当增加了一些词条和内容，编写出《中印文化交流百科全书（详编）》，全书 400 万字，于 2015 年 9 月由中国大百科出版社出版。

《中印文化交流百科全书》是一部阐述中印两大文明古国文化交流史的巨著，其气势恢宏、内容浩瀚。在时间上，从公元前 4 世纪开始，一直至今，跨越两千多年的岁月。在内容上，包括中印贸易往来、中印科技交流、中印文化交流等方面。在中印文化交流中，又详细分为：中印佛教交流、中印哲学交流、中印语言学交流、中印文学交流、中印艺术交流、中印养生学交流、中印民俗交流、中印现代学术交流等。在每一个领域都包括中印的历史人物、重要的事件、重要的组织和相关的著作等。

该书的出版有重要的学术价值和现实意义。它不仅促进了中印人民对两国两千多年文化交流史的了解，而且也增强了两大民族历经风雨考验的传统友谊和对未来友好关系的信心。

七、近三十年来我国研究印度文化的学术成果大量涌现

新中国成立以来，尤其是 1978 年中国改革开放以后，中国大学培养出大

批学习印度语言和文化的学生，同时成立了许多专门研究印度的学术机构。随着我国学者对印度研究的不断深入，在20世纪80年代以后，涌现出大量的学术成果。这些成果主要表现在两个方面：一是把大批印度古代经典从梵文或印地文翻译成中文；二是出版了许多有关印度哲学、文学、美术、宗教等领域的学术著作。这些学术成果大大促进了中国人民对印度文化的了解。

在古代经典的翻译方面，主要译著有：印度大史诗《罗摩衍那》（七卷本，季羡林译）、《摩诃婆罗多》（六卷本，黄宝生、金克木等译），印度诗歌集《“梨俱吠陀”梵文美学诗选》（巫百慧译），印度哲学文献集《五十奥义书》（徐梵澄译）、《奥义书》（黄宝生译），印度古代法典《摩奴法典》（蒋忠新译），印度教经典《薄伽梵歌》（张保胜译），印度寓言故事集《五卷书》（季羡林译），印度吠檀多哲学经典《圣教论（蛙氏奥义颂）》（巫百慧译），印度哲学文献《古印度六派哲学经典》（姚卫群译），印地语的宗教经典《罗摩功行之湖》（金鼎汉译）等。

在学术著作方面，主要有：金克木的《梵文文学史》，季羡林主编的《印度古代文学史》，刘安武的《印度印地语文学史》，黄心川的《印度哲学史》，巫百慧的《印度哲学——吠陀经探义和奥义书解析》，孙晶、朱明忠的《印度吠檀多哲学史》，林承节的《印度史》，王镛的《印度美术史话》，刘建、朱明忠与葛维钧的《印度文明》，姚卫群的《印度宗教哲学概论》，黄心川的《印度近代哲学家辨析研究》，薛克翘的《中国与南亚文化交流志》，黄宝生的《印度古典诗学》，薛克翘、唐孟生与姜景奎的《印度中世纪宗教文学》，朱明忠的《印度教》，尚会鹏的《种姓与印度教社会》等。

这些翻译作品和学术著作的出版，不仅促进了中国人对印度文化的全面了解，而且也增进了中国人对东方文化特点以及东西方文化差异的认识和理解。

后 记

习近平主席指出："不同文明没有优劣之分，只有特色之别。要促进不同文明不同发展模式交流对话，在竞争比较中取长补短，在交流互鉴中共同发展，让文明交流互鉴成为增进各国人民友谊的桥梁、推动人类社会进步的动力、维护世界和平的纽带。"我们编写这套丛书的目的是为中国广大读者朋友了解世界其他国家和地区文明服务，为加深不同文明之间的交流和互鉴服务，为实现中华民族伟大复兴的中国梦、推动构建人类命运共同体服务。

倪培耕同志对丛书写作的总体思路、基本原则和内容构架等提出许多富有创见的新观点，负责撰写各分册的作者开展了高效和富有创造性的辛勤工作，曹启璋同志对本套丛书的出版给予了大力支持，刘雨同志对本套丛书进行了精心设计，在此致以最衷心的感谢。

由于时间、人力、物力及水平等多方面的限制，丛书在编辑的过程中，可能还会存在这样那样的问题，恳请读者朋友们谅解，并提出宝贵意见。

文明因交流而多彩，文明因互鉴而丰富，愿这套丛书对文明交流互鉴有所助益。

再次感谢所有关注、支持、帮助本套丛书出版工作的朋友和同志们！

编 者

2018年10月